Fondements bibliques
volume 2

Vivre dans la grâce de Dieu

Libéré de la malédiction

Apprendre à communier avec Dieu

Qu'est-ce que l'église ?

Larry Kreider

House To House Publications
Lititz, Pennsylvania USA
www.h2hp.com

Fondements bibliques volume 2

Vivre dans la grâce de Dieu
Libéré de la malédiction
Apprendre à communier avec Dieu
Qu'est-ce que l'église ?

Larry Kreider
Traduit par Guy Zeller

Copyright ©2018 DOVE International
Originally published in English Copyright © 1993, Updated © 2002

Published by
House to House Publications
11 Toll Gate Road, Lititz, PA 17540 USA
Téléphone : 717.627.1996
www.h2hp.com

ISBN-13: 978-0-9987574-2-1
ISBN-10: 0-9987574-2-X

Tous droits réservés. Aucune portion de cet ouvrage ne peut être reproduite sans l'autorisation de l'auteur.

Table des matières

Introduction 5
Comment utiliser ce matériel de ressource 7

5. Vivre dans la grâce de Dieu 9
1. Qu'est-ce que la grâce ? 11
2. Répondre à la grâce de Dieu 22
3. Proclamer la grâce sur la montagne 32
4. La grâce pour la vie quotidienne 43
    Canevas d'enseignement 54
    Questions de méditation supplémentaires 62

6. Libéré de la malédiction 63
1. Qu'est-ce qu'une malédiction ? 65
2. Nous pouvons reprendre ce que l'ennemi nous a 77
3. Recevoir la liberté au nom de Jésus 88
4. Vous pouvez être complètement libre 100
    Canevas d'enseignement 114
    Questions de méditation supplémentaires 122

7. Apprendre à communier avec Dieu 123
1. Qu'est-ce que la grâce ? 125
2. Connaître Dieu par la prière et l'adoration 137
3. Comment pouvons-nous entendre la voix de Dieu ? ... 147
4. Entendre Sa voix clairement 158
    Canevas d'enseignement 170
    Questions de méditation supplémentaires 178

8. Qu'est-ce que l'église ? 179
1. L'importance de l'église locale 181
2. Les relations dans la famille spirituelle 192
3. Qui veille sur vous ? 204
4. Notre engagement envers l'église locale 215
    Canevas d'enseignement 226
    Questions de méditation supplémentaires 234

Fondements bibliques

Cet ouvrage fait partie d'une série de douze conçus pour aider les croyants à bâtir un fondement biblique solide dans leurs vies.

Volume 1
1. **Connaître Jésus Christ en tant que Seigneur**
   Le dessein de Dieu pour nos vies au travers d'une relation personnelle avec Jésus
2. **Le nouveau style de vie**
   La véritable repentance et la foi en Dieu
3. **Les baptêmes du Nouveau Testament**
   Quatre baptêmes incluant le baptême d'eau et le baptême du Saint-Esprit
4. **Construire pour l'éternité**
   L'espérance de la résurrection, l'imposition des mains et le jugement éternel

Volume 2
5. **Vivre dans la grâce de Dieu**
   Appliquer la grâce de Dieu à la vie quotidienne
6. **Libéré de la malédiction**
   Christ amène la liberté dans chaque domaine de nos vies
7. **Apprendre à communier avec Dieu**
   Comment approfondir notre relation avec Jésus Christ
8. **Qu'est-ce que l'église ?**
   Trouver notre place dans la famille de Dieu

Volume 3
9. **Autorité et redevabilité**
   Quelle attitude adopter face aux responsables et aux autres croyants que Dieu place à nos côtés
10. **La perspective de Dieu sur les finances**
    Comment Dieu veut que son peuple gère l'argent
11. **Appelés à servir**
    L'appel de chaque chrétien à servir
12. **Le grand commandement missionnaire**
    Le but de notre vie sur cette planète

Introduction

Le fondement de la foi chrétienne est bâti sur Jésus-Christ et sa Parole donnée pour nous, la Bible. Cette série de fondements bibliques de douze sections comprend le fondement de doctrines bibliques nécessaire pour poser un fondement spirituel solide dans votre vie.

5. Vivre dans la grâce de Dieu

Dans ce cinquième livret de fondements bibliques, *Vivre dans la grâce de Dieu*, nous découvrons que c'est la grâce qui motive Dieu à nous offrir le salut même si nous ne l'avons pas mérité. En fait, nous ne pouvons pas le mériter ; c'est un cadeau. Notre salut vient comme un cadeau de la grâce de Dieu, et nous pouvons le recevoir en l'acceptant par la foi. La grâce de Dieu est présente dans nos vies pour nous sauver – « la faveur gratuite et imméritée de Dieu pour ceux qui ne la méritent pas. » Puis nous nous arrêterons sur l'autre aspect de la grâce de Dieu défini comme « la capacité et le désir d'accomplir la volonté de Dieu. » La grâce de Dieu est littéralement une « énergie divine » que le Saint-Esprit libère dans nos vies. Dieu nous a donné une provision surnaturelle pour vivre une vie victorieuse. Dieu nous donne une abondance de grâce ! Nous ne la méritons pas, mais le Seigneur la déverse sur nous malgré tout !

6. Libéré de la malédiction

Dans ce sixième livret de fondements bibliques, 'Libéré de la malédiction', nous apprenons qu'en raison de la désobéissance d'Adam et Eve, quand ils ont choisi de croire les mensonges du diable, nous vivons maintenant dans un monde « maudit ou déchu ». Lors de la chute d'Adam, le péché a gagné son entrée dans la race humaine. Dans ce livre, nous allons nous pencher sur tout ce qu'implique cette malédiction et sur la façon d'être libéré spirituellement, physiquement et émotionnellement de ses liens. Bien que le péché ait maudit l'humanité, Christ nous donne tout ce dont nous avons besoin pour vaincre le péché et Satan !

7. Apprendre à communier avec Dieu

Dans ce septième livret de fondements bibliques, 'Apprendre à communier avec Dieu', nous apprenons que Dieu veut nous connaître personnellement ! Nous allons apprendre comment nous pouvons communier avec Lui en méditant Sa Parole, en priant et en adorant. Nous allons découvrir comment développer une relation proche et intime avec Dieu par Jésus-Christ alors que nous apprenons à écouter Sa voix.

8. Qu'est-ce que l'église ?

Dans ce huitième livret de fondements bibliques, 'Qu'est-ce que l'église ?', nous allons voir l'importance de faire partie d'une famille spirituelle unie sous la direction du Christ. Cette famille spirituelle nous offre un lieu où grandir et apprendre les uns des autres comment vivre nos vies chrétiennes. Nous avons besoin de l'apport de responsables spirituels et d'amis croyants. Nous avons besoin les uns des autres. Nous ne sommes pas censés vivre notre vie chrétienne tous seuls. Dieu veut que chaque croyant soit connecté à une église locale où il peut être formé, protégé et disponible pour servir les autres.

Nous allons apprendre ce que veut dire aller en tant que force spirituelle (armée) pour évangéliser, faire des disciples, être des mentors pour d'autres et voir le royaume de Dieu avancer! Nous allons découvrir une façon efficace pour faire des disciples par le mentoring, dans un rôle de père ou de mère spirituel. Un parent spirituel est une personne qui encourage ceux qu'il suit en mentoring et les aide à grandir sur la voie qui les conduit devenir eux-mêmes des parents spirituels. Ce genre de formation par le mentoring encourage tous les croyants à avoir et à devenir eux-mêmes des parents spirituels, produisant ainsi des résultats durables. En fait, toute cette série de fondements bibliques a été écrite pour servir d'outil pour tout croyant prêt à faire des disciples selon le plan de notre Seigneur Jésus-Christ.

Utilisez ces fondements bibliques pour poser un fondement solide dans votre vie ou, si vous êtes déjà un chrétien mature, ces livrets sont des outils merveilleux pour vous assister dans la formation d'autres disciples. Que sa Parole prenne vie pour vous aujourd'hui.

Que Dieu vous bénisse!
Larry Kreider

Comment utiliser cet ouvrage de ressource

Étude personnelle
Lisez du début à la fin comme programme d'étude individuelle pour poser un fondement chrétien solide et développer la maturité spirituelle.
- Chaque chapitre contient un verset clé qu'il est bon de mémoriser.
- Des versets supplémentaires peuvent être utilisés pour approfondir sa compréhension.
- Chaque lecture inclut des questions de réflexion personnelle.

Méditations quotidiennes
Utilisez-le comme guide de méditation pour une étude quotidienne de la parole de Dieu.
- Des jours supplémentaires à la fin du livret portent le nombre total de méditations à un mois complet. La série de douze livres couvre une année de méditations quotidiennes.
- Des versets supplémentaires sont proposés pour approfondir l'étude.
- Chaque jour comprend des questions de réflexion.

Accompagnement et mentoring
Utilisez-le dans le cadre d'une relation de parentalité spirituelle pour étudier, prier et discuter ensemble des applications dans le concret.
- Un père ou une mère spirituel peut facilement emmener son fils ou sa fille spiritsuel dans ces courtes études bibliques et utiliser les questions de réflexion pour provoquer un dialogue sur le sujet étudié.
- Prenez une portion chaque jour ou un chapitre complet à la fois.

Études en petits groupes
Etudiez ces importants fondements bibliques dans un contexte de petit groupe.
- L'enseignant étudie le matériel contenu dans les chapitres et peut enseigner en utilisant le canevas tout simple mis à disposition en fin de livret.

Donner un cours de fondements bibliques
Ces enseignements peuvent être donnés par un pasteur ou par un autre responsable chrétien comme cours de fondements bibliques de base.
- Les étudiants lisent une portion du livret donnée.
- En classe, le responsable peut enseigner le sujet en utilisant les canevas de chapitres en fin de livret.

Fondements bibliques 5

Vivre dans la grâce de Dieu

Appliquer la grâce de Dieu à la vie quotidienne

CHAPITRE 1

Qu'est-ce que la grâce ?

VERSET CLÉ À MÉMORISER

Car c'est par la grâce que vous êtes sauvés, par le moyen de la foi. Et cela ne vient pas de vous, c'est le don de Dieu. Ce n'est point par les oeuvres, afin que personne ne se glorifie.

Ephésiens 2:8-9

Jour 1

La grâce affecte tout

Un célèbre zoo allemand a acheté un gros ours brun à un cirque itinérant. Jusqu'ici, cette créature magnifique, mais abusée, avait vécu dans la misère. Pendant toute la durée de sa vie, l'ours avait été enfermé dans une minuscule cage d'environ trois mètres de long. Chaque heure de chaque jour, on pouvait le voir parcourir les trois mètres de son étroite prison dans un sens, puis dans l'autre, secouant sa tête massive en rythme. L'eau qui lui était donnée était croupie ; la nourriture ne consistait qu'en ordures pourries.

Finalement, il fut vendu et transféré de sa cage mninuscule à ce magnifique zoo allemand. Le zoo avait un terrain pour les ours constitué de plusieurs centaines de mètres carrés de végétation verte et luxuriante. Il y avait des arbres sur lesquels grimper et des fontaines débordant d'eau potable et fraîche. On lui donnait à manger trois fois par jour et il avait d'autres ours pour lui tenir compagnie.

Les gardiens du zoo transportèrent la cage de l'ours dans la zone réservée à ces animaux et ouvrirent la porte de la liberté. L'ours continua sa marche – trois mètres en avant et trois mètres en arrière. Ils l'appelèrent depuis l'extérieur, mais il ne réagissait pas. Ils lui offrirent de la nourriture. Ils lui offrirent la liberté, mais il ne réagissait toujours pas.

Finalement, la seule solution restante fut de fixer des chiffons sur une perche, de les imbiber de kérozène, de les allumer et de les placer derrière les barreaux à l'arrière de la cage. Ceci effraya suffisamment l'ours pour qu'il saute hors de sa cage sur le terrain inconnu. L'ours regarda autour de lui et, au plus grand étonnement des gardiens du zoo, commença à marcher trois mètres dans un sens, puis trois mètres dans l'autre – la dimension exacte de sa cage !

Soudainement, la vérité frappa les observateurs – la prison de l'ours n'était pas *métallique*, mais *mentale et invisible* ! Ils ne pouvaient rien faire pour l'aider à sortir de sa prison et finirent par l'endormir.

Certains chrétiens se trouvent dans une situation semblable. Etant devenus si accoutumés à certaines manières de pensée, de défaite et d'échec dans certains domaines de leur vie, ils se convainquent

Jour 2
La grâce, don gratuit de Dieu, est la base du salut

La grâce est parfois définie comme *la faveur gratuite de Dieu envers ceux qui ne la méritent pas*. Dieu nous aime et ne désire pas que nous soyons séparés de lui par le péché. Ainsi notre premier aperçu de la grâce se produit lorsque Dieu nous offre le salut malgré le fait que nous ne le méritions pas ou que nous ne fassions rien pour l'obtenir. Il donne une mesure de grâce comme cadeau pour les non-croyants afin qu'ils soient capables de croire au Seigneur Jésus. Ephésiens 2:8-9 dit : *Car c'est par la grâce que vous êtes sauvés, par le moyen de la foi. Et cela ne vient pas de vous, c'est le don de Dieu. Ce n'est point par les oeuvres, afin que personne ne se glorifie.*

Nous venons initialement à Dieu parce qu'il est celui qui nous attire. Jésus dit dans Jean 6:44 : *Nul ne peut venir à moi, si le Père qui m'a envoyé ne l'attire.* J'ai rencontré des gens qui ont dit « J'ai trouvé Dieu. » Nous ne trouvons pas Dieu ; c'est Lui qui nous trouve ! Il nous attire à lui depuis le début. La raison pour laquelle nous sommes chrétiens est simplement la grâce et la bonté de Dieu dans nos vies – à cause de son amour et de sa bonté en nous attirant à lui, nous sommes sauvés. Nous ne méritons pas d'être sauvés, mais Dieu nous étend sa grâce gratuitement. Romains 11:6 dit : *Or, si c'est par grâce, ce n'est plus par les oeuvres; autrement la grâce n'est plus une grâce.*

C'est la grâce qui motive Dieu à nous offrir le salut même si nous ne le méritons pas. Nous ne pouvons pas le mériter ; c'est un cadeau. Nous voyons ainsi que notre salut vient comme un don de la grâce de Dieu, et nous pouvons y accéder en répondant avec foi.

La grâce de Dieu pourrait être décrite comme une pièce de monnaie ayant deux faces distinctes. Nous venons de décrire le côté de la pièce caractérisé par la grâce salvatrice de Dieu – « la faveur gratuite de Dieu envers ceux qui ne la méritent pas. » L'autre côté de la pièce est la grâce que Dieu donne aux croyants pour leur donner « le désir et le pouvoir de faire la volonté de Dieu. » Nous reviendrons à cet aspect de la grâce un peu plus loin dans cet ouvrage. Les deux aspects de la grâce contiennent l'ensemble de eux-mêmes que les choses ne changeront jamais et se retrouvent verrouillés dans une prison mentale invisible.

Il y a des années, j'ai reçu une révélation du Seigneur au sujet de la grâce de Dieu qui a littéralement révolutionné ma vie. Bien que j'aie été amoureux de Jésus et rempli du Saint-Esprit, je vivais toujours dans une prison mentale. Je croyais que certaines choses ne changeraient jamais. Puis un jour, quelqu'un me fit une description si claire de la grâce de Dieu que cela transforma littéralement ma vie ! La grâce de Dieu offerte dans les Ecritures va bien au-delà de ce qu'offrent les autres religions du monde. De nombreuses religions affirment que l'homme reçoit ce qu'il mérite. D'autres ajoutent que l'homme ne reçoit pas tout ce qu'il mérite (miséricorde). La grâce va bien au-delà de cette idée, cependant. La grâce est la bonté inimaginable et totale de Dieu ! Nous la recevons gratuitement et ne la méritons pas, et nos cœurs ne peuvent pas s'empêcher de changer à cause d'elle ! Nous ne pouvons pas la décrire pleinement, mais nous pouvons en faire l'expérience. La grâce affecte tout ce que nous faisons dans la vie. Lorsque j'ai finalement commencé à comprendre la grâce de Dieu, cela a transformé ma manière de penser, d'agir et de répondre aux difficultés surgissant dans ma vie.

La grâce est mentionnée plus de cent vingt-cinq fois dans le Nouveau Testament. Comme la grâce est mentionnée si souvent, nous devons comprendre ce qu'est réellement la grâce de Dieu et comment elle influence nos vies. L'apôtre Paul commençait souvent ses lettres aux églises en parlant de la grâce. Il les terminait également souvent en écrivant : « Que la grâce de Dieu soit avec vous. » Il soulignait sans cesse la *grâce* dans tout le Nouveau Testament. *Que la grâce et la paix vous soient données de la part de Dieu notre Père et du Seigneur Jésus Christ ! Je rends à mon Dieu de continuelles actions de grâces à votre sujet, pour la grâce de Dieu qui vous a été accordée en Jésus Christ* (1 Corinthiens 1:3-4).

REFLEXION

Comme l'ours dans la cage, êtes-vous tenu captif par de vieilles habitudes ?

CHAPITRE 1

Qu'est-ce que la grâce ?

VERSET CLÉ À MÉMORISER

Car c'est par la grâce que vous êtes sauvés, par le moyen de la foi. Et cela ne vient pas de vous, c'est le don de Dieu. Ce n'est point par les oeuvres, afin que personne ne se glorifie.

Ephésiens 2:8-9

Jour 1

La grâce affecte tout

Un célèbre zoo allemand a acheté un gros ours brun à un cirque itinérant. Jusqu'ici, cette créature magnifique, mais abusée, avait vécu dans la misère. Pendant toute la durée de sa vie, l'ours avait été enfermé dans une minuscule cage d'environ trois mètres de long. Chaque heure de chaque jour, on pouvait le voir parcourir les trois mètres de son étroite prison dans un sens, puis dans l'autre, secouant sa tête massive en rythme. L'eau qui lui était donnée était croupie ; la nourriture ne consistait qu'en ordures pourries.

Finalement, il fut vendu et transféré de sa cage mninuscule à ce magnifique zoo allemand. Le zoo avait un terrain pour les ours constitué de plusieurs centaines de mètres carrés de végétation verte et luxuriante. Il y avait des arbres sur lesquels grimper et des fontaines débordant d'eau potable et fraîche. On lui donnait à manger trois fois par jour et il avait d'autres ours pour lui tenir compagnie.

Les gardiens du zoo transportèrent la cage de l'ours dans la zone réservée à ces animaux et ouvrirent la porte de la liberté. L'ours continua sa marche – trois mètres en avant et trois mètres en arrière. Ils l'appelèrent depuis l'extérieur, mais il ne réagissait pas. Ils lui offrirent de la nourriture. Ils lui offrirent la liberté, mais il ne réagissait toujours pas.

Finalement, la seule solution restante fut de fixer des chiffons sur une perche, de les imbiber de kérozène, de les allumer et de les placer derrière les barreaux à l'arrière de la cage. Ceci effraya suffisamment l'ours pour qu'il saute hors de sa cage sur le terrain inconnu. L'ours regarda autour de lui et, au plus grand étonnement des gardiens du zoo, commença à marcher trois mètres dans un sens, puis trois mètres dans l'autre – la dimension exacte de sa cage !

Soudainement, la vérité frappa les observateurs – la prison de l'ours n'était pas *métallique*, mais *mentale et invisible* ! Ils ne pouvaient rien faire pour l'aider à sortir de sa prison et finirent par l'endormir.

Certains chrétiens se trouvent dans une situation semblable. Etant devenus si accoutumés à certaines manières de pensée, de défaite et d'échec dans certains domaines de leur vie, ils se convainquent la vie chrétienne du commencement jusqu'à la fin. Nous sommes totalement dépendants de la grâce de Dieu !

REFLEXION
Comment la grâce impacte-t-elle initialement nos vies d'après Ephésiens 2:8-9 ? Décrivez les deux côtés de la grâce.

Jour 3
Miséricorde ou grâce

Il y a une différence entre la grâce et la miséricorde de Dieu. Nous confondons ces deux termes. La *miséricorde* de Dieu, c'est quand « Dieu ne nous donne pas ce que nous méritons », et la *grâce* de Dieu, c'est quand « Dieu nous donne ce que nous ne méritons pas ».

Nous méritons l'enfer, la maladie et les problèmes parce que notre péché nous place dans les ténèbres. Cependant, même si nous ne le méritons pas, Dieu nous offre son pardon, sa paix, la vie éternelle, l'espérance, la guérison, le Saint-Esprit : et la liste continue – tout cela à cause de sa grâce merveilleuse !

Il y a quelques années, j'étais de passage dans une petite ville du Midwest avec ma famille. Je n'étais pas conscient que la vitesse était limitée à 40 km/h et je roulais à 60 km/h. En arrivant à l'autre extrémité de la ville, j'ai entendu une sirène hurler derrière moi. C'était bien sûr un agent de police, me signalant de me garer sur le côté de la route. Il commença ensuite à rédiger la contravention, remplissant son devoir de policier. S'il avait exercé la miséricorde, il m'aurait dit : « Ecoutez, je comprends que vous n'avez pas réalisé que vous rouliez 10 km/h au dessus de la vitesse autorisée. Allez-y, c'est bon pour cette fois ! » S'il avait agi selon le principe de la grâce, il aurait dit : « Vous êtes vraîment un bon type. En fait, je vous apprécie tellement que j'aimerais vous donner cent dollars simplement pour vous remercier d'avoir passé par notre ville. » Malheureusement pour moi, il n'a agi ni en fonction de la miséricorde, ni en fonction de la grâce, mais il m'a permis de recevoir la *justice* – il m'a donné une contravention avec un bulletin de paiement !

Je peux me souvenir, au début de ma vie chrétienne, avoir eu l'impression qu'il était normal que Dieu me donne une bonne famille et une vie prospère, assortie d'un salaire confortable à la fin de chaque mois. Après tout, je travaillais pour cela. Je ne réalisais pas à l'époque l'arrogance de mon raisonnement. S'il n'y avait pas la grâce de Dieu, je n'aurais même pas eu les forces physiques ou la santé me permettant de travailler. Dieu ne me devait rien du tout. Il m'avait d'abord démontré sa miséricorde en me sauvant, puis il me démontrait sa grâce, me donnant toutes ces choses que je ne méritais pas – la présence merveilleuse de Dieu dans ma vie au travers de Jésus-Christ. *Jésus Christ est venu dans le monde pour sauver les pécheurs, dont je suis le premier. Mais j'ai obtenu miséricorde, afin que Jésus Christ fît voir en moi le premier toute sa longanimité, pour que je serve d'exemple à ceux qui croiraient en lui pour la vie éternelle* (1 Timothée 1:15-16).

REFLEXION
Enumérez certaines des choses que Dieu vous a données dans sa grâce. Et certaines des choses qu'il ne vous a pas données dans sa miséricorde.

Jour 4
Plus sous la loi, mais sous la grâce

Dieu a donné à Moïse des lois morales à suivre (les Dix Commandements). Elles furent données pour amener les hommes à réaliser leur condition de péché. La loi a montré à la race humaine la différence entre le bien et le mal. En tentant d'obéir à la loi, l'humanité a cherché à mériter la bénédiction divine au travers de ce qu'ils faisaient.

Puis Jésus est venu et a changé tout cela. A travers lui, la grâce nous est offerte – la faveur gratuite et imméritée de Dieu venant par la foi en Jésus, qui est la Vérité. Lorsqu'une personne se confie à Christ pour son salut, sa justice ne dépend plus du fait qu'elle garde la loi. Comme le chrétien est sous la grâce, il ne peut plus être sous la loi. La Bible dit que la grâce et la vérité sont venues par Jésus Christ. *Car la loi a été donnée par Moïse, la grâce et la vérité sont venues par Jésus Christ* (Jean 1:17).

Ceux qui sont sous la loi sont toujours conscient de la puissance du péché en eux, les empêchant de vivre victorieusement. Ceux qui observent la loi doivent observer toutes ses ordonnances en tout temps, parce que s'ils négligent ne serait-ce qu'un commandement, ils brisent toute la loi (Jacques 2:10). Nous ne pouvons pas devenir justes en observant la loi ; en fait, il est impossible d'observer la loi. Nous nous tenons tous accusés par notre conscience, parce que nous n'arrivons pas à obéir à la loi. La seule échappatoire est de sortir de ce joug de la loi. C'est pourquoi nous sommes justifiés seulement par notre foi en Jésus Christ. Pour échapper à la domination du péché, un chrétien doit sortir du joug de la loi et se placer sous la grâce. *Car le péché n'aura point de pouvoir sur vous, puisque vous êtes, non sous la loi, mais sous la grâce* (Romains 6:14).

REFLEXION
Enumérez certaines des choses que Dieu vous a données dans sa grâce. Et certaines des choses qu'il ne vous a pas données dans sa miséricorde.

Jour 5
Les dix commandements nous montrent combien la grâce est importante

Jetons un bref coup d'œil aux Dix Commandements (Deutéronome 5:6-21) simplement pour réaliser combien chaque personne est loin d'observer la loi. La loi nous aide à réaliser combien nous avons besoin de la grâce dans nos vies.

1. Tu n'auras pas d'autres dieux devant ma face.
Nous brisons cette loi chaque fois que nous donnons à quelque chose ou à quelqu'un d'autre que Dieu la première place dans notre affection. Aucun homme n'a jamais gardé ce commandement.

2. Tu ne te feras point d'image taillée.
Il est impossible qu'une image de Dieu représente réellement Dieu et toute sa gloire. Si nous approchons Dieu avec nos lèvres, mais pas avec nos cœurs, nous avons une fausse image de Lui et sommes éloignés de lui (Marc 7:6)

3. Tu ne prendras point le nom de l'Éternel, ton Dieu, en vain.
La plupart du temps, nous pensons qu'utiliser le nom du Seigneur en vain, c'est l'utiliser dans des jurons et des expressions profanes. Mais si nous l'appelons Seigneur et que nous lui désobéissons

Vivre dans la grâce de Die

constamment, nous prenons aussi son nom en vain. Si nous sommes remplis de craintes et de doutes, nous nions son nom.

4. Souviens-toi du jour du sabbat, pour le sanctifier.
Le projet de Dieu était de donner à l'homme un jour de repos afin qu'il puisse adorer sans être distrait. Christ prends nos fardeaux et nous offre un repos spirituel, un « repos de Sabbat » (Hébreux 4:10), mais nous n'arrivons souvent pas à entrer dans ce repos.

5. Honore ton père et ta mère.
Les parents représentent l'autorité de Dieu envers leurs enfants. Cependant, les enfants manquent souvent de respect et de gratitude envers leurs parents.

6. Tu ne tueras pas.
Jésus a dit que le fait d'être en colère contre une autre personne sans raison et de l'insulter est aussi sérieux qu'un meurtre (Matthieu 5:21-22). Nous pouvons tuer les autres par nos commérages, notre critique, notre négligence, notre cruauté, notre jugement ou notre jalousie.

7. Tu ne commettras pas d'adultère.
Ce commandement n'inclut pas uniquement le sexe en dehors du mariage, mais d'autres péchés comme le fait d'entretenir des pensées adultères, de regarder des images pornographiques, de se soumettre à des pensées impures, d'avoir des exigences égoïstes dans son couple... (Matthieu 5:27-28).

8. Tu ne voleras pas.
Mentir dans sa déclaration d'impôt est une forme de vol. Faire des choses pour soi à son lieu de travail dans le dos de son chef en tant qu'employé est une forme de vol. Un patron qui sous-paie ses ouvriers les vole.

9. Tu ne porteras pas de faux témoignage contre ton prochain.
Cela ne fait pas seulement référence à ce qui pourrait prendre place dans un tribunal, mais inclut toutes sortes de commérages, de mensonges, d'exagérations ou même le fait de faire des plaisanteries au dépend d'une autre personne.

10. Tu ne convoiteras pas.

La convoitise se produit dans le cœur et dans les pensées. Lorsque nous sommes jaloux de la maison, du style de vie, de la femme ou de la voiture d'un autre, nous sommes esclaves de la convoitise.

Les Dix Commandements nous convainquent de notre péché et de notre incapacité d'observer la juste loi de Dieu. Aussi importants que soient les Dix Commandements, nous sommes tout simplements incapables d'observer ces règles par nos propres forces. Nous avons besoin d'un Sauveur. Jésus est venu comme remède pour notre péché ! Le péché ne domine plus sur les chrétiens parce que nous ne sommes pas sous la loi ! Nous sommes sous la grâce !

REFLEXION
Réfléchissez à votre vie et à votre incapacité d'observer les Dix Commandements. Quelle importance la grâce a-t-elle dans votre vie ?

Jour 6
La grâce est plus puissante que le péché

La loi morale de Dieu, les Dix Commandements, est importante parce qu'elle révèle à l'homme la véritable nature du péché. Lorsque nous réalisons l'étendue de notre échec pour obéir aux lois de Dieu, nous commençons à voir l'abondance de sa grâce qui nous pardonne ! La Bible dit... *mais là où le péché abonde, la grâce surabonde* (Romains 5:20).

La grâce est beaucoup plus puissante que le péché ! Le verset 21 poursuit en soulignant que le péché dominait tous les hommes pour les conduire à la mort, mais maintenant, c'est la bonté de Dieu qui règne à sa place, nous justifiant devant Dieu, et conduisant à la vie eternelle par Jésus Christ. Où que vous trouviez le péché et la désobéissance, vous trouverez aussi la grâce de Dieu disponible.

Le Saint-Esprit est à l'œuvre au sein des croyants pour les amener à vivre une vie de justice. C'est un accomplissement de la loi morale de Dieu. Nous ne pouvons pas le faire par nos proprers forces, mais seulement par la grâce de Dieu. Ainsi la grâce et l'obéissance à la loi de Dieu n'entrent pas en conflit. Toutes deux nous conduisent vers la justice et la sainteté. Nous ne sommes capables de vivre des vies saintes et de garder les commandements de Dieu que par sa grâce !

Il y a de nombreuses années, je roulais dans une petite « coccinelle » VW. Un jour, la voiture s'est arrêtée. J'ai décidé que j'avais suffisamment de connaissances mécaniques pour me permettre de sortir le moteur et de le réparer. J'ai vite réalisé que je n'aboutissais à rien. Certainement j'essayais, mais je savais que j'avais besoin d'aide. Je l'ai alors remorquée jusqu'à un garage où un mécanicien la répara ! Sans la grâce de Dieu, nous ne pouvons pas nous réparer nous-mêmes. Ma VW a-t-elle été réparée parce que je le méritais ? Non, mais elle fonctionna à nouveau à cause de la grâce de Dieu sur le mécanicien qui s'en est occupé. C'est la grâce de Dieu qui nous sauve de notre péché et qui nous restaure.

Si nous faisons une erreur, nous la confessons à Dieu et nous continuons d'avancer par la grâce de Dieu, sachant que c'est sa grâce qui nous donne la force d'avancer. Pourquoi Dieu nous a-t-il pardonné ? Il nous a pardonné à cause du don de sa grâce. Pourquoi Dieu nous remplit-il du Saint-Esprit ? Nous sommes remplis à cause de la grâce de Dieu. Même si nous avons complètement détruit notre vie, nous pouvons trouver le pardon et aller de l'avant à cause de la grâce de Dieu.

REFLEXION
Qu'est-ce qui augmente proportionnellement au péché selon Romains 5:20 ? Comment en avez-vous fait l'expérience dans votre vie ?

Jour 7
Une grâce à bon marché ?

Si Dieu est prêt à pardonner le péché, et si les chrétiens sont sous la grâce et pas sous la loi, cela signifie-t-il que nous puissions continuer à tolérer le péché dans nos vies tout en rerstant à l'abri du jugement ? Après tout, la grâce de Dieu pardonne le péché. Nous pouvons pécher, parce que Dieu va toujours nous pardonner, n'est-ce pas ? Eh bien c'est faux ! C'est cette même question avec laquelle l'église primitive s'est heurtée. Paul défie ce mode de pensée de « grâce à bon marché ». *Que dirons-nous donc ? Demeurerions-nous dans le péché, afin que la grâce abonde ? Loin de là! Nous qui sommes morts au péché, comment vivrions-nous encore dans le péché ?* (Romains 6:1-2).

Ce serait corrompre la grâce de Dieu de croire que nous pourrions continuer à vivre dans le péché et que la grâce de Dieu le couvrirait. La Bible nous dit dans 1 Jean 3:4 que *quiconque pèche transgresse la loi, et le péché est la transgression de la loi.* Lorsque nous venons à Christ, nous nous séparons clairement du péché – nous mourrons à la puissance et au contrôle du péché sur nos vies. En tant que chrétiens, nous sommes libres de la puissance du péché pour marcher en nouveauté de vie (Romains 6:4-5, 10). Nous ne sommes plus esclaves du péché.

Cependant, chaque croyant doit réaffirmer sa décision de résister au péché et de suivre Christ quotidiennement (Romains 8:13 ; Hébreux 3:7-11). Un péché connu dans nos vies attriste le Saint-Esprit et étouffe sa puissance (Ephésiens 4:30 ; 1 Thessaloniciens 5:19). Si nous revenons continuellement au péché et cessons de lui résister, nos cœurs finiront par s'endurcir et se rebeller. Il est possible (à cause de l'endurcissement du au péché pouvant prendre place dans nos cœurs (voir Hébreux 3:8) que nous atteignions un état de rébellion et de désobéissance croissant où nous ne croirons plus en quoi que ce soit. Nous devenons esclave du péché à nouveau avec pour résultat la mort. *Car le salaire du péché, c'est la mort...* (Romains 6:23).

Malgré le fait que la grâce de Dieu nous donne la puissance de résister au péché, il est vrai que dans nos vies quotidiennes, nous n'allons pas toujours résister au péché dans toutes les situations. Lorsque nous tombons, notre Dieu de grâce et de miséricorde est prêt à nous pardonner. Lorsque nous gâchons nos vies et revenons à lui, Dieu nous offre sa grâce gratuitement. Cependant, nous devons être sur nos gardes par rapport à cet état d'esprit disant que nous pouvons pécher *parce que* nous sommes sous la grâce. Souvenez-vous, il peut y avoir un point de non retour.

REFLEXION

Comme la grâce augmente avec le péché, pouvons-nous continuer de pécher parce que Dieu nous pardonnera toujours ? Que peut-il se passer si nous continuons sans cesse à revenir au péché, selon Romains 6:23 ?

CHAPITRE 2

Répondre à la grâce de Dieu

VERSET CLÉ À MÉMORISER

Par la grâce de Dieu je suis ce que je suis, et sa grâce envers moi n'a pas été vaine; loin de là, j'ai travaillé plus qu'eux tous, non pas moi toutefois, mais la grâce de Dieu qui est avec moi.

1 Corinthiens 15:10

Jour 1
Totalement dépendant de la grâce de Dieu

L'apôtre Paul a passé par des années de formation théologique, et il avait un passé irréprochable de pure descendance juive. Cependant, il écrit que tous les avantages liés à sa naissance, à son éducation et à ses accomplissements personnels peuvent être attribués à la grâce de Dieu. *Par la grâce de Dieu je suis ce que je suis, et sa grâce envers moi n'a pas été vaine; loin de là, j'ai travaillé plus qu'eux tous, non pas moi toutefois, mais la grâce de Dieu qui est avec moi* (1 Corinthiens 15:10).

Si nous pensons êtrer fort sur le plan spirituel, être un mari fantastique, un bon étudiant ou un célibataire mature, nous devons nous souvenir que notre force n'est pas en nous-mêmes, mais en Jésus Christ. Comme Paul, nous sommes totalement dépendant de la grâce de Dieu. Tout ce que nous avons, tout ce que nous ferons jamais, tout ce que nous sommes n'est purement et simplement que par la grâce de Dieu.

Lorsque nous comprenons comment la grâce fonctionne dans nos vies, nous allons vivre dans une nouvelle liberté dans notre relation quotidienne avec Jésus. Chaque bonne chose dans notre vie est un résultat de la grâce de Dieu. Vous et moi ne méritons vraiment rien. Si vous êtes en bonne santé aujourd'hui, c'est à cause de la grâce de Dieu. Toute capacité ou aptitude que vous avez peut être attribuée à la grâce de Dieu. Si vous êtes d'excellents parents, ce n'est pas tant parce que vous êtes si doués avec les enfants, mais c'est la grâce de Dieu qui vous rend capables d'être de bons parents. Si vous êtes un fantastique joueur de basketball, c'est à cause de la grâce de Dieu. Vous me direz peut-être : « Mais je m'entraîne ! » Qui vous a donné la capacité et la santé pour vous entraîner ? Dieu l'a fait. Les bons étudiants sont des récipients de la grâce de Dieu. Si vous êtes un homme d'affaire à l'aise financièrement, la grâce de Dieu est la raison de votre succès. Lorsque nous gravons cette vérité dans nos esprits et vivons de la grâce de Dieu, cela nous révolutionne complètement. Cela nous transforme de l'intérieur.

Le diable ne peut pas vous remplir d'orgueil lorsque vous comprenez la grâce de Dieu. Les gens orgueilleux disent en fait : « C'est grâce à moi, à mon travail et à mes capacités que les choses vont si bien », et ils se confient en eux-mêmes et non en Dieu. Les gens qui vivent dans la grâce de Dieu regardent toujours à Jésus. Ils vivent avec un sentiment de gratitude, sachant qu'il est Celui qui leur a donné tout don parfait et tout don excellent qu'ils peuvent apprécier dans leur vie.

REFLEXION
Pouvez-vous en toute honnêteté vous approprier les déclarations suivantes :Je suis totalement dépendant de la grâce de Dieu. Je suis ce que je suis par la grâce de Dieu.

Jour 2
Dieu nous donne une grâce sans limites pour changer

Le gens confondent parfois la grâce de Dieu et le fatalisme. Le fatalisme est l'idée que nous ne pouvons pas changer nos circonstance quoi que nous fassions, nous laissons donc simplement le « destin » suivre son cours. Bien que nous soyons totalement dépendants de la grâce de Dieu, cela ne signifie pas que nous restions assis passivement et ne faisions rien pour user de cette grâce. La grâce doit être diligemment recherchée et acceptée.

Imaginez vous, étendu au soleil sur une colline verdoyante par une belle journée d'été. Un immense rocher commence à dévaler la colline dans votre direction. Le fatalisme dira : « Il n'y a rien que je puisse y faire. Être écrasé sous un rocher doit être ma destinée. » La grâce de Dieu dira par contre : « Je n'ai pas besoin de rester ici et de mourir écrasé sous ce rocher. Je vais accepter et utiliser la force que Dieu m'a donnée, et je vais m'enlever de sa trajectoire ! » Bien sûr, il y a des choses dans la vie que nous ne pouvons pas changer, mais nous devons réaliser que sans la grâce de Dieu, les choses pourraient être bien pires. Beaucoup d'événements indésirables qui se produisent dans nos vies peuvent être évités lorsque nous prenons Dieu au mot et nous confions dans sa grâce pour nous donner la sagesse et la force de voir les choses changer. Dieu désire nous donner toujours plus de sa grâce pour vivre une vie victorieuse en tant que chrétien sur cette terre... *il donne une plus grande grâce...* (Jacques 4:6). A chaque situation, Dieu se tient prêt à nous offrir sa grâce !

Le fait de répondre à la grâce de Dieu entraîne toujours plus de liberté, plus d'espérance, plus de rafraîchissement et plus de paix afin de pouvoir aller de l'avant avec Dieu. L'apôtre Paul a dit à une église de nouveaux croyants de continuer dans la grâce de Dieu même confrontés à l'opposition. *A l'issue de l'assemblée, beaucoup de Juifs et de prosélytes pieux suivirent Paul et Barnabas, qui s'entretinrent avec eux, et les exhortèrent à rester attachés à la grâce de Dieu* (Actes 13:43).

Paul savait que cette église de nouveaux croyants récemment établie devait avoir une compréhension claire de la grâce afin de pouvoir continuer à avancer dans les projets de Dieu. Sinon, ils auraient succombé aux tactiques du diable et oublié que la grâce de Dieu était suffisante.

REFLEXION
Décrivez une situation où vous avez reçu la grâce pour vivre victorieusement.

Jour 3
Déchoir de la grâce de Dieu

Jésus a raconté un jour une parabole au sujet d'un propriétaire qui possédait une vigne (Matthieu 20:11-15). Les grappes de raisin étaient prêtes à être récoltées, donc le propriétaire trouva quelques ouvriers et les envoya dans sa vigne vers neuf heures du matin pour commencer la vendange. Un peu plus tard, il engagea de nouveaux hommes et les envoya au travail vers midi. Encore plus tard, vers trois heures de l'après-midi, il employa encore d'autres ouvriers et les envoya à leur tour. Comme la récolte n'était pas encore terminée, il envoya vers cinq heures une dernière équipe prêter main forte aux ouvriers. A la fin de la journée, il appela tous ses ouvriers et leur donna exactement le même salaire, parce que c'était la somme qu'il avait promise à chacun de ces groupes au début de leur travail. Lorsque les ouvriers ayant travaillé le plus d'heures découvrirent que ceux qui avaient travaillé le moins d'heures avaient reçu le même salaire, ils vinrent se plaindre au propriétaire.

Si cela ne vous semble pas juste, c'est que vous ne comprenez pas encore la grâce de Dieu. Dieu nous aime inconditionnellement, comme nous sommes. Lorsque nous sommes en sécurité dans son amour et son acceptation, nous ne sommes plus préoccupés par le fait que quelqu'un reçoive « une meilleure part » que nous. Nous vivons pas la grâce, complètement satisfaits. Lorsque nous comprenons que l'amour et l'approbation de Dieu ne peuvent être gagnés ou mérités, nous vivons dans la bénédiction de sa grâce jour après jour.

Savez-vous que nous ne deviendrons jamais jaloux ou amers si nous comprenons et vivons dans la grâce de Dieu ? Hébreux 12:15 le dit de la manière suivante : *Veillez à ce que nul ne se prive de la grâce de Dieu; à ce qu'aucune racine d'amertume, poussant des rejetons, ne produise du trouble, et que plusieurs n'en soient infectés.* L'amertume commence comme une petite racine. Avez-vous déjà observé un trottoir dans lequel des petites plantes percent le sol par les craquelures du béton ? Tout commence par une petite racine. Il arrive souvent que les gens deviennent amers contre Dieu. Ils disent : « Dieu, pourquoi cette personne prospère-t-elle, alors que je lutte continuellement au niveau des finances ? » Ils sont déchus de la grâce de Dieu.

1 Corinthiens 10:12 dit : *Ainsi donc, que celui qui croit être debout prenne garde de tomber !* Si nous nous trouvons dans une position où nous croyons être fort et que tout va bien aller pour nous, donc que nous ne tomberons pas, la Bible dit : « Faites attention ! » N'importe qui parmi nous peut déchoir de la grâce de Dieu dans nos vies.

REFLEXION
Qu'est-ce qu'une « racine d'amertume » selon Hébreux 12:15 ? Cela a-t-il déjà causé des problèmes dans votre vie ?

Jour 4
La grâce pour les humbles

Nous libérons une puissance spirituelle extraordinaire quand nous commençons à faire l'expérience de la grâce de Dieu. Il y a bien des années, j'étais actif dans un ministère auprès des jeunes. Je me souviens être rentré un jour à la maison et découvert que quelqu'un avait lancé une grosse pierre dans une fenêtre de notre maison. Je savais que le lanceur de pierre était une personne dont nous nous occupions. Dieu était en train de nous enseigner sa grâce et il nous a aidé à adopter la bonne attitude, réalisant que ce n'était que par sa grâce que notre maison n'avait pas toutes ses fenêtres brisées ! Nous aurions pu pleurer et nous plaindre, mais la grâce de Dieu nous a donné la capacité d'aller de l'avant et de continuer à édifier la vie des gens qu'il avait placés à nos côtés. 1 Pierre 5:5-6 dit que ...*Dieu résiste aux orgueilleux, mais il fait grâce aux humbles. Humiliez-vous donc sous la puissante main de Dieu, afin qu'il vous élève au temps convenable.*

L'humilité est une attitude de dépendance totale envers Jésus Christ. L'orgueil est à l'opposé d'une compréhension saine de la grâce de Dieu. Les Ecritures soulignent clairement que si nous nous humilions sous la puissante main de Dieu, il nous élèvera au temps convenable. Dieu désire vous élever. Il désire vous honorer. Quand sommes-nous honorés par Dieu ? Lorsque nous nous humilions devant lui. Si je tente de faire la part de Dieu, je vais essayer de m'élever moi-même, et ensuite Dieu devra faire ma part. Donc il devra m'humilier. Je préfère m'humilier moi-même et laisser Dieu m'élever plutôt que ce que Dieu doive m'humilier, n'est-ce pas ?

L'humilité nous place dans une position où nous pouvons recevoir cette grâce. La véritable humilité consiste à reconnaître constamment que sans Jésus nous ne pouvons rien faire, mais qu'avec Jésus tout est possible. L'humilité, ce n'est pas marcher la tête baissée, essayant de paraître humble et misérable. La véritable humilité consiste à comprendre et à vivre le principe de la grâce de Dieu.

REFLEXION
Selon 1 Pierre 5:5-6, comment pouvons-nous nous humilier nous-mêmes ?

Jour 5
Assaisonnez votre discours de grâce

Nous n'allons pas colporter des ragots si nous comprenons la grâce de Dieu. La raison pour laquelle les gens cancanent est une fausse humilité. Ceux qui colportent des ragots tentent de s'élever sur un piédestal en regardant les autres de haut. Lorsque quelqu'un passe par un temps difficile ou est impliqué dans un péché, nous pourrions être tenté de parler d'eux en les critiquant et en les jugeant. Mais nous allons vite nous arrêter quand nous réalisons que ce n'est que par la grâce de Dieu que nous ne passons pas par les mêmes expériences que ces personnes.

La parole est très puissante ! Les mots sont comme de la dynamite. Ils peuvent être puissamment utilisés pour le bien ou pour le mal. Colossiens 4:6 dit : *Que votre parole soit toujours accompagnée de grâce, assaisonnée de sel, afin que vous sachiez comment il faut répondre à chacun.*

Comment pouvons-nous donner des paroles accompagnées de grâce, assaisonnées de sel ? Quand j'étais enfant, je n'aimais pas du tout manger du foie de veau. Mais quand je me suis marié, j'ai réalsié que ma femme adorait manger du foie de veau ! Un jour, elle a préparé un repas magnifique. La viande sentait si bon, et elle avait un goût délicieux. J'ai alors demandé : « Chérie, qu'est ce que c'est ? Cette viande est vraiment délicieuse. »

Ma femme LaVerne sourit d'une oreille à l'autre. « C'est du foie ! » Elle l'avait assaisonné avec le bon assaisonnement, et j'aimais cela.

Si vous avez l'impression de devoir partager un mot de correction avec une personne qui lutte et que cela l'aiderait à revenir sur le bon chemin, assaisonnez votre discours de grâce. En d'autres termes, dites-le de manière à ce qu'il ou elle puisse le recevoir. La manière dont nous le disons (avec la bonne attitude) peut être aussi importante, si ce n'est plus, que le contenu de ce que nous disons. Même une parole de correction assaisonnée de grâce transmettra à une personne : « Je me préoccupe de toi, et tu peux y arriver. » La Bible nous dit de dire la vérité avec l'amour (Ephésiens 4:15).

REFLEXION

Racontez une situation où vos mots furent « accompagnées de grâce, assaisonnées de sel » dans la vie d'une autre personne. Quel en fut le résultat ?

Jour 6
La grâce de Dieu au travers de la souffrance

A travers les siècles, l'homme s'est posé cette question : « Comment Dieu peut-il être bon en en même temps permettre que nous souffrions ? » J'aime la réponse toute simple donnée par un détenu des camps de concentration nazis : « Lorsque tu connais Dieu, tu n'as pas besoin de savoir pourquoi. » L'aspect important est que Dieu est impliqué dans nos souffrances. Il est venu et a endossé notre condition – devenant péché pour nous afin que nous devenions justice de Dieu (2 Corinthiens 5:21).

En fait, Dieu nous dit que nous devons être prêt à souffrir (Jean 16:1-4, 33 ; Tite 3:12). Il y a de nombreuses raisons pour lesquelles nous souffrons – parfois c'est une conséquence de nos propres actions, ou parce que nous vivons dans un monde déchu et pécheur, ou une affliction démoniaque. Si nous le lui permettons, Dieu va utiliser notre souffrance comme un catalyseur pour une croissance spirituelle dans nos vies.

Le fait d'être fidèle à Dieu ne garantit pas que nous n'ayons jamais de problèmes ou de souffrance dans cette vie. Job, Joseph, David, Jérémie – la liste continue – ont tous souffert pour différentes raisons. Paul a vécu de nombreuses épreuves: il a été mis dans les chaînes et a fait l'expérience de tempêtes et naufrages. Cependant, il continuait à proclamer qu'aucune tragédie ne peut « nous séparer de l'amour de Dieu » (Romains 8:35-39).

De plus, le Seigneur ne permettra pas que nous soyons tentés au-delà de ce que nous pouvons supporter (1 Corinthiens 10:13). Il vous donnera la force de supporter ou sortir de l'épreuve. En fait, notre souffrance nous ouvre à la grâce abondante de Dieu, selon 2 Corinthiens 12:9. Ma grâce te suffit, car ma puissance s'accomplit dans la faiblesse...

Dans notre faiblesse ou notre souffrance, nous pouvons compter sur sa force pour nous rendre fort. Dans nos temps de larmes, de difficultés, de maladies, de faiblesse et de craintes, nous pouvons être forts parce que nous avons échangé sa force contre notre faiblesse. Notre force vient de sa force, et de sa force uniquement.

Souvent, pendant les temps d'épreuve et de luttes, nous découvrons que la grâce de Dieu devient très concrète et réelle pour nous. Les Israélites ont trouvé la grâce même au sein du désert aride. *Il a trouvé grâce dans le désert, Le peuple de ceux qui ont échappé au glaive...* (Jérémie 31:2).

Dieu a promis de tirer du bon de nos souffrances (Romains 8:28). Si nous continuons de l'aimer et de lui obéir, il va nous donner la grâce nécessaire pour supporter notre affliction. La Bible dit que les chrétiens sont comme des « vases de terre » qui font l'expérience parfois de la tristesse et la douleur, et cependant, à cause du trésor céleste (Jésus) qu'ils contiennent, nous ne sommes pas abattus. *Nous portons ce trésor dans des vases de terre, afin que cette grande puissance soit attribuée à Dieu, et non pas à nous. Nous sommes pressés de toute manière, mais non réduits à l'extrémité ; dans la détresse, mais non dans le désespoir* (2 Corinthiens 4:7-8).

Au sein de toutes les souffrances et les pressions de la vie, nous sommes soutenus par une vie intérieure qui ne peut pas être abattue ! J'ai découvert que Jésus était très proche de moi pendant les périodes les plus sombres. La grâce abondante de Jésus vient dans nos périodes difficiles.

REFLEXION
Comment la souffrance et la grâce travaillent-elles ensemble, selon 2 Corinthiens 12:9 ?

Jour 7
La grâce qui vous motive

J'avais l'habitude de ronchonner et de penser : « Seigneur, pourquoi permets-tu que je vive ces mauvais jours ? Je te sers. Cela ne me semble pas juste ! » La Bible nous dit : *Rendez grâces en toutes choses, car c'est à votre égard la volonté de Dieu en Jésus Christ* (1 Thessaloniciens 5:18). Le seigneur nous enseigne à le remercier même pour nos mauvais jours. Nous avons besoin de « considérer nos bénédictions ». Par la grâce de Dieu, nous avons tant de sujets de reconnaissance.

Un jour, je remplaçais le carreau d'une fenêtre de notre maison. Ayant quelques difficultés, j'ai commencé à m'énerver et, sans le vouloir, j'ai cassé le carreau. J'étais frustré et tendu, et j'étais hors de la grâce de Dieu. Lorsque j'ai admis : « Seigneur, je ne peux même pas remplacer un carreau de fenêtre sans ta grâce, » savez-vous ce qui s'est passé ? Le carreau suivant fut remplacé sans problèmes. La grâce de Dieu affecte même les aspects terre à terre de nos vies quotidiennes.

Certaines personnes aime aller faire du shopping. Elles auront peut être un rabais et penseront : « C'est génial ! Cela coûtait 35 francs et je l'ai eu pour 10 francs ! Est-ce que je n'ai pas eu de la chance ? » Pas vraiment. C'était la grâce de Dieu. Le système du monde l'appelle chance. Si vous avez un bon rabais lors de votre shopping, c'est simplement à cause de la grâce de Dieu dans votre vie. Le Seigneur désire que nous le remercions et que nous le glorifions pour sa grâce quand nous avons des rabais ! « Bonne chance » est le terme de remplacement pour la grâce de Dieu dans le système du monde.

En tant que nouveau chrétien, j'avais l'habitude de me demander pourquoi Dieu laissait ma voiture tomber en panne si souvent. Maintenant, je réalise que c'était seulement par la grâce de Dieu que ma vieille voiture n'avait pas lâché plusieurs années auparavant ! Vous poserez peut-être la question : « Dieu veut-il que nos voitures tombent en panne ? » Non, bien sûr que non, mais Dieu désire que nous permettions dans chaque situation à sa grâce de nous motiver.

Paul croyait fermement que si nous recevions la grâce de Dieu et que plus tard, délibérément, nous abandonnions la foi pour entrer dans le péché, nous pouvions à nouveau être perdus. *Puisque nous travaillons avec Dieu, nous vous exhortons à ne pas recevoir la grâce de Dieu en vain. Car il dit :* « *Au temps favorable je t'ai exaucé, au jour du salut je t'ai secouru.* » *Voici maintenant le temps favorable, voici maintenant le jour du salut* (2 Corinthiens 6:1-2). La grâce de Dieu nous affecte chaque jour ! Nous devons nous assurer de ne jamais la prendre comme un dû ! Comme Pogo, le personnage de BD, a dit une fois : « Nous avons rencontré l'ennemi, et il est nous. » Nous seuls pouvons empêcher la grâce de Dieu de couler par nos vies. Si nous nous trouvons en dehors de la grâce de Dieu, nous sommes encouragés à nous réconcilier avec Dieu (2 Corinthiens 5:20). Maintenant est le temps de recevoir sa grâce et de lui permettre de faire une différence dans nos vies. Commençons aujourd'hui !

REFLEXION

Quelqu'un vous a-t-il déjà imposé les mains, vous établissant dans un domaine de service ? Si non, demandez !

CHAPITRE 3

Proclamer la grâce sur la montagne

VERSET CLÉ À MÉMORISER

Ce n'est ni par la puissance ni par la force, mais c'est par mon Esprit, dit l'Éternel des armées. Qui es-tu, grande montagne, devant Zorobabel ? Tu seras aplanie. Il posera la pierre principale au milieu des acclamations : Grâce, grâce pour elle !

Zacharie 4:6-7

Jour 1

La grâce libère l'énergie divine

Dans les deux précédents chapitres sur la grâce, nous avons décrit comment la grâce de Dieu est présente dans nos vies pour nous sauver – « la faveur gratuite et illogique de Dieu pour ceux qui ne la méritent pas. » Concentrons-nous maintenant sur une autre facette de la grâce, que nous pourrions définir comme « la capacité et le désir de faire la volonté de Dieu. La grâce de Dieu est littéralement une « énergie divine » que le Saint-Esprit libère dans nos vies.

Voici un exemple clair des Ecritures. Zorobabel était confronté à un défi extraordinaire. Lorsque le roi Cyrus autorisa les Juifs à rentrer dans leur pays, il établit Zorobabel comme gouverneur de la colonie. Une des premières responsabilités de Zorobabel était de poser les fondements du nouveau temple. Cependant, en raison de l'opposition de la part des ennemis des Juifs, le travail sur ce projet ne tarda pas à s'arrêter.

Est-ce que cela ne semble pas familier ? Nous avons une vision du Seigneur et commençons à prendre une direction dans la vie et, peu de temps après, nous commençons à vivre des oppositions et nous abandonnons. Ou peut-être que nous n'abandonnons pas, mais nous avons l'impression qu'il semble impossible de terminer la tâche que nous croyons que le Seigneur nous a confiée. C'est là que la grâce entre en scène !

Un jour, le prophète Zacharie reçoit une vision du Seigneur. Alors qu'il décrit sa vision dans Zacharie 4:6-7, un ange du Seigneur lui donne un message prophétique pour Zorobabel. *« Ce n'est ni par la puissance ni par la force, mais c'est par mon Esprit »*, dit l'Éternel des armées. *« Qui es-tu, grande montagne, devant Zorobabel ? Tu seras aplanie. Il posera la pierre principale au milieu des acclamations : Grâce, grâce pour elle ! »*

La reconstruction du temple fut achevée quatre ans plus tard. Le Seigneur leur donna une « énergie divine », et les circonstances changèrent surnaturellement pour qu'ils puissent terminer le projet dans son entier ! Ce qui semblait impossible se produisit littéralement sous leurs yeux. Ils ne se confiaient plus dans leurs propres capacités, mais dans la grâce de Dieu. Alors qu'ils libéraient cette énergie divine en criant : « Grâce, grâce ! », la *montagne* devant eux devint une *grande plaine*. Ils furent convaincus que le temple ne serait pas bâti par la puissance militaire, par un pouvoir politique ou par des forces humaines, mais par l'Esprit du Seigneur. Ils ont expérimenté la grâce de Dieu !

Nous ne pouvons faire l'œuvre de Dieu que si nous sommes rendus capables par le Saint-Esprit. Je vous défie d'appliquer ce principe biblique dans votre propre vie. La prochaine fois qu'une montagne d'impossibilité se dresse en face de vous, criez : « Grâce, grâce ! » dans sa direction. Et voyez la montagne se niveler alors que vous faites un pas dans la foi tout simple et criez : « Grâce, grâce ! » à la face de l'ennemi. Vous verrez que votre regard se détournera de votre capacité (ou de votre incapacité) pour se fixer sur Ses capacités.

Il y a quelques temps, j'ai prêché devant des responsables de groupes universitaires. Nous étions debout, ensemble, à crier : « Grâce, grâce ! » sur chaque campus universitaire représenté dans la conférence. La foi surgit dans nos cœurs alors que nous ne dépendions plus de nos propres stratégies et aptitudes, mais du Dieu vivant.

Je trouve rafraichissant d'entrer dans nos bureaux et d'entendre certains membres de notre personnel crier : « Grâce, grâce ! » face à des délais qui semblent impossibles à respecter. Ma foi augmente lorsque des pères proclament : « Grâce, grâce ! » sur leur famille. Les efforts humains sont remplacés par un sentiment de paix et de repos dans le Seigneur.

Lorsque les enfants d'Israël criaient : « Grâce, grâce ! » devant le temple, ils ne se sont pas assis par terre en attendant qu'un ange vienne en bâtir les murs. Ils ont eu une conviction renouvelée de ce qu'alors qu'ils travaillaient ensemble pour accomplir le plan du Seigneur, ce n'est pas par leur propre force ou leur propre puissance que les murs furent bâtis, mais par l'Esprit du Seigneur. Alors que nous proclamons : « Grâce, grâce ! » sur nos vies ou nos situations, nous ne recevons pas l'autorisation d'être paresseux. Au lieu de cela, nous recevons une énergie divine pour accomplir les desseins de Dieu pour nos vies.

REFLEXION
Expliquez « l'énergie divine ». Comment est-elle à l'œuvre dans votre vie ?

Jour 2
Proclamer la grâce sur des situations impossibles

Des sceptiques diront peut-être : « Qu'est-ce que le fait de crier : « Grâce, grâce ! » peut avoir à faire avec le fait que Dieu intervienne en notre faveur ? Cela semble si insensé. » La vérité, c'est que la sagesse de Dieu et la sagesse du monde sont en contradiction. *Car la prédication de la croix est une folie pour ceux qui périssent; mais pour nous qui sommes sauvés, elle est une puissance de Dieu* (1 Corinthiens 1:18).

La sagesse du monde est une sagesse qui exclut Dieu est s'appuie sur notre capacité à nous occuper des situations nous-mêmes. La sagesse de Dieu met l'accent sur une complète dépendance de Dieu et de sa grâce. Dieu honore cette dépendance et cette obéissance.

Pourquoi l'armée avançait-elle uniquement lorsque Moïse avait ses bras levés dans la bataille contre les Amalécites ? C'était absolument insensé pour l'intelligence naturelle, mais Moïse obéissait à son Dieu (Exode 17).

Joas, le roi d'Israël, vint vers le prophète Elisée chercher de l'aide, parce que l'armée des Israélites était confrontée à une immense armée syrienne. La situation semblait impossible à surmonter. Elisée invita le roi Joas à prendre un arc et quelques flèches et à ouvrir la fenêtre qui donnait sur l'orient. Puis Elisée lui dit de tirer et déclarer la victoire. De plus, le prophète demanda au roi Joas de « frapper le sol ». Le roi le fit à trois reprises, puis s'arrêta. Le prophète Elisée se fâcha alors contre le roi : « Tu aurais du frapper le sol cinq ou six fois; alors tu aurais battu les Syriens jusqu'à leur extermination; maintenant tu les battras trois fois » (2 Rois 13:19). Tout s'est produit exactement comme le prophète l'a déclaré. Le roi Joas a démontré son manque d'engagement et de foi, conditions que le Seigneur jugeait nécessaires pour qu'il accomplisse sa promesse. Par conséquent, il ne put pas vaincre complètement les Syriens.

Qu'est-ce que le fait de frapper le sol avec des flèches peut bien avoir à faire avec le fait de gagner des batailles ? Rien, à moins que le Seigneur ne nous demande de le faire. Tout comme Elisée a demandé au roi Joas de frapper le sol avec des flèches, je crois que le Seigneur appelle son peuple à être obéissant et à crier : « Grâce, grâce ! » sur des situations qui lui semblent impossibles.

REFLEXION
Lorsque nous crions : « Grâce, grâce ! » comment Dieu intervient-il face à la montagne d'impossibilités qui se dresse devant nous ? Avez-vous l'impression d'être insensé en faisant cela ? Pourquoi est-il important de le faire ?

Jour 3
Nous recevons la grâce pour régner dans la vie !

Un roi règne dans une nation et, en tant qu'enfants de Dieu, nous avons la promesse que nous régnerons dans la vie ! Comment régnons-nous ? Nous ne pouvons régner, ou être victorieux, que par sa grâce. Nous recevons la grâce pour régner dans la vie... *ceux qui reçoivent l'abondance de la grâce et du don de la justice régneront dans la vie par Jésus Christ et lui seul* (Romains 5:17).

Cette promesse est pour chacun de nous ! Ceux qui reçoivent la grâce extraordinaire de Dieu régneront comme des rois dans la vie. Nous sommes appelés à vivre au-delà des circonstances, des difficultés et des problèmes, parce que le fait de régner vient de la compréhension de la grâce de Dieu.

Nous pouvons être victorieux dans chaque domaine de la vie – dans nos foyers, dans nos écoles, dans nos cellules ou nos églises et sur nos places de travail. Dieu nous a donné une provision surnaturelle pour vivre une vie de vainqueur. Dieu nous donne une abondance de grâce ! Nous n'en méritons pas une once, mais le Seigneur la déverse sur nous quand même !

Luttez-vous contre une habitude dont vous n'arrivez pas à vous débarasser ? Criez : « Grâce, grâce ! » sur elle ! Recevez l'énergie divine nécessaire pour vous en libérer définitivement. Luttez-vous sur votre lieu de travail, dans votre école ou dans vos relations familiales ? Criez : « Grâce, grâce ! » sur les situations dans votre vie qui ressemble à une montagne impossible à franchir.

J'ai eu le privilège de m'adresser aux étudiants de Lifeway School en Nouvelle-Zélande, où un projet de construction était arrêté en raison d'un manque de finances. Avec les étudiants et les responsables de l'école, nous nous sommes positionnés en direction du chantier et avons crié : « Grâce, grâce ! » Dans les huit semaines qui ont suivi, l'école a vécu une série de miracles financiers, et la finalisation des travaux a pu prendre place. La seule explication était la grâce de Dieu !

Il y a des fois où, après avoir prêché ou conseillé quelqu'un, je me retrouve découragé. Satan tente souvent de placer la condamnation sur nous, afin de pouvoir nous abattre en capitalisant sur ce que nous ressentons ou sur les erreurs que nous avons commises. Nous devons vivre par la foi, pas par nos émotions. Lorsque les choses se passent mal, que ce soit sur notre lieu de travail, dans nos écoles, nos quartiers, nos maisons ou nos églises, nous ne devons jamais oublier que la grâce de Dieu nous donne l'énergie divine pour nous faire traverses ces situations. Lorsque les choses vont bien, nous ne devons pas oublier que ce n'est que par la grâce de Dieu que nous pouvons obtenir la victoire en régnant dans la vie !

REFLEXION

Selon Romains 5:17, comment recevons-nous la capacité de régner comme des rois dans cette vie ? Faites la liste des luttes auxquelles vous êtes confrontés, et criez : « Grâce ! » sur elles. Qu'attendez-vous qu'il se passe ?

Jour 4
Dieu donne des dons en fonction de sa grâce

La grâce de Dieu est si riche et multifacette qu'un aspect différent peut en être manifesté au travers de chaque croyant. Dieu donne des dons, des motivations intérieures et des capacités aux croyants afin qu'ils puissent les utiliser pour le bénéfice du reste du corps de Christ. Ces « dons de grâce » sont donnés pour nous rendre capables de servir les autres. *Puisque nous avons des dons différents, selon la grâce qui nous a été accordée, que celui qui a le don ... l'exerce* (Romains 12:6a).

...Que celui qui a le don de prophétie l'exerce selon la foi; que celui qui est appelé au ministère s'attache à son ministère; que celui qui enseigne s'attache à son enseignement, et celui qui exhorte à l'exhortation. Que celui qui donne le fasse avec libéralité; que celui qui préside le fasse avec zèle; que celui qui pratique la miséricorde le fasse avec joie (Romains 12:6b-8).

Avez-vous déjà témoigné à quelqu'un et senti que le Saint-esprit vous utilisait, alors que les bons mots coulaient de votre bouche ? C'était simplement la grâce de Dieu sur votre vie alors que vous partagiez l'Evangile. Aimez-vous servir ? Dieu vous a donné le désir et la capacité d'aider les autres pratiquement. L'enseignement est la capacité d'examiner la parole de Dieu et de proclamer sa vérité afin que les gens grandissent dans la sainteté. Nous devrions utiliser ce(s) don(s) pour accomplir le projet de Dieu pour nos vies en fonction de ce qu'il nous a donné. Chaque don et capacité que nous avons résulte de la grâce de Dieu. Il nous a donné ces dons et ces bénédictions afin que nous puissions être une bénédiction et servir les autres. *Comme de bons dispensateurs des diverses grâces de Dieu, que chacun de vous mette au service des autres le don qu'il a reçu* (1 Pierre 4:10).

Les dons que le Seigneur nous donne sont des capacités divines que nous utilisons pour aider et bénir les autres. Si vous avez reçu le don de prophétie, utilisez-le pour encourager ou convaincre les autres. Si vous avez une motivation intérieure à donner, ceux qui vous entourent seront bénis par votre aide financière. Lorsque vous agissez dans vos dons, vous êtes utilisés par le Seigneur pour exprimer sa grâce aux autres.

REFLEXION
Quels dons Dieu vous a-t-il donnés pour servir les autres ?
Quels dons de Dieu les autres utilisent-ils pour vous servir ?

Jour 5
Il n'est pas sage de se comparer

Vous souvenez-vous des ouvriers vendangeurs de Matthieu 20 ? Ils se sont plaints, se demandant pourquoi tout le monde recevait le même salaire alors qu'ils n'avaient pas travaillé le même nombre d'heures. C'est parce qu'ils ne comprenaient pas la grâce de Dieu.

Si nous en voulons à Dieu parce qu'il donne plus de talents et de capacités à certains, nous n'avons pas compris la grâce de Dieu. Si nous pensons être un meilleur conducteur de louange que Jim ou une meilleure enseignante que Sally, nous sortons de la grâce de Dieu.

Il est si important de se retenir de se comparer aux autres. Nous ne devrions nous comparer qu'à la parole de Dieu, et laisser la parole de Dieu vivre en nous afin que nous puissions vivre les principes de la grâce dans nos vies. Si nous avons l'impression de faire mieux que ceux qui nous entourent, nous tombons dans l'orgueil. Si nous avons l'impression de faire moins bien que ceux qui nous entourent, nous pouvons souffrir d'infériorité. Lorsque nous nous comparons aux autres, nous ne sommes pas sages, selon la parole de Dieu en 2 Corinthiens 10:12 : *Nous n'osons pas nous égaler ou nous comparer à quelques-uns de ceux qui se recommandent eux-mêmes. Mais, en se mesurant à leur propre mesure et en se comparant à eux-mêmes, ils manquent d'intelligence.* Ni l'orgueil, ni l'infériorité ne sont des réponses inspirées par la grâce.

Lorsque Dieu utilise quelqu'un d'autre pour un ministère ou une responsabilité spécifique et que nous ne sommes pas sur le devant de la scène, quelle est notre réponse ? Lorsque nous commençons à nous comparer aux autres, nous sortons de la grâce de Dieu. Dieu est Dieu. Il sait le mieux ce dont nous avons besoin. Il peut donner un don à une personne, et un différent type de don à une autre. Le fait de comprendre et de marcher dans la grâce de Dieu va imbiber tout notre être et toute notre façon de penser. Cela change nos attitudes, nous amenant à désirer grandir spirituellement afin de pouvoir aider et servir ceux qui nous entourent.

REFLEXION
Vous sentez-vous meilleur que d'autres personnes que vous connaissez ? Pire ? Que se passe-t-il lorsque nous nous comparons aux autres ?

Jour 6
Transmettre la grâce aux autres

Dieu vous a appelé à transmettre sa grâce partout où vous allez – travail, école, maison ou aux auters croyants dans votre petit groupe. Il vous a appelé à transmettre sa grâce aux gens et à les édifier. *Qu'il ne sorte de votre bouche aucune parole mauvaise, mais, s'il y a lieu, quelque bonne parole, qui serve à l'édification et communique une grâce à ceux qui l'entendent* (Ephésiens 4:29).

Lorsque nous parlons, nous devrions dire des choses qui construisent les gens afin que nous puissions transmettre la grâce (l'énergie divine) dans leur vie. Les paroles d'encouragement vont transmettre aux autres la grâce que Dieu a placé dans notre vie. Lorsque vous remerciez votre conjoint, vos parents ou un autre membre de la famille, vous leur communiquez la grâce de Dieu. Remerciez votre patron pour sa supervision au travail. Vous communiquez la grâce de Dieu. Peut-être êtes-vous vous-même patron ? Vous devez encourager les gens qui travaillent pour vous. Vous leur communiquerez la grâce de Dieu.

Pourquoi ne pas encourager votre responsable de petit groupe et lui communiquer la grâce de Dieu ? Encouragez vos responsables et remerciez-les pour ce qu'ils font. La grâce de Dieu devrait être l'attitude sous-jacente dans tout ce que nous faisons. Le livre des Actes nous relate qu'une « grande grâce » reposait sur les apôtres. *Les apôtres rendaient avec beaucoup de force témoignage de la résurrection du Seigneur Jésus. Et une grande grâce reposait sur eux tous* (Actes 4:33).

Nous avons besoin d'une dose de « grande grâce » de Dieu chaque jour. L'apôtre Jean nous explique que la grâce et la vérité sont venues par Jésus Christ (Jean 1:17). Jésus nous a déjà fait grâce pour notre salut. Il attend que nous le reconnaissions, ainsi que sa grâce, afin que nous puissions faire l'expérience de son énergie divine dans notre vie quotidienne !

Pourquoi devrions-nous faire attention à ne pas laisser des paroles décourageantes sortir de nos bouches ? Pensez à certaines personnes à qui le Seigneur aimerait que vous communiquiez sa grâce aujourd'hui, et faites-le !

REFLEXION
Décrivez une situation où vous avez transmis la grâce de Dieu dans la vie de quelqu'un. Avez-vous vu des résultats immédiats ?

Jour 7
A Dieu tout le crédit

Nous ne prendrons jamais le crédit pour ce que Dieu fait si nous comprenons sa grâce. Par exemple, j'ai eu le privilège de servir de nombreuses personnes dans le monde entier ces dernières années. Ça a été une telle bénédiction de voir la vie des gens touchée par la puissance de Dieu. Je ne pourrai jamais prendre le crédit de cela. Je sais que ce n'est que par la grâce de Dieu que je peux annoncer la bonne nouvelle de Jésus-Christ.

La Bible nous dit que nous sommes des serviteurs compétents (2 Corinthiens 3:5), nous sommes appelés à aider les autres et à servir au nom de Jésus. Nous ne servons pas les autres avec nos propres forces, mais c'est Dieu qui vit en nous qui sert au travers de nous. Vous et moi sommes appelés à être des canaux de l'amour de Dieu.

Les cables électrique représentent un canal pour le courant électrique. Nous ne pensons pas, lorsque nous voyons un cable électrique : « Quel cable magnifique ! » Non, nous sommes simplement reconnaissants pour le courant qui vient au travers du cable. De même, nous sommes des canaux pour le Saint-Esprit, et nous ne pouvons jamais prendre le crédit pour ce que Dieu fait. Nous devons laisser sa grâce et sa puissance couler de nos vies. Nous avons été choisis comme héritiers de Christ pour porter sa bannière parce que... *justifiés par sa grâce, nous devenions, en espérance, héritiers de la vie éternelle* (Tite 3:7). Quel privilège incroyable – de tous les gens du monde, Dieu nous a choisis, vous et moi !

Je vous encourage à commencer à crier : « Grâce, grâce ! » sur les montagnes dans vos vies. Rappelez-vous de Zorobabel. Il savait que la grâce de Dieu serait libérée et que le peuple terminerait la tâche rapidement, efficacement et avec compétence s'il était obéissant. Ainsi le peuple a crié : « Grâce, grâce ! » sur le temple, et il fut achevé, amenant un grand enthousiasme pour le peuple. Ils ont réalisé que ce n'était pas par leur force, mais par la force de la grâce de Dieu agissant à travers eux.

Quelle que soit la situation dans laquelle vous vous trouvez, vous devez apprendre à crier : « Grâce, grâce ! » sur elle. Si vous avez une mauvaise habitude que vous désirez conquérir, mais que vous échouez continuellement, commencer à crier grâce sur cette

Vivre dans la grâce de Die

situation. Commencer à crier « grâce » sur votre travail. Peut-être êtes-vous en train d'encourager un jeune croyant cherchant à grandir dans certains domaines de sa vie. Commencez à crier grâce sur ces domaines. Y a-t-il un conflit dans votre couple ? Peut-être êtes-vous célibataire et avez des besoins particuliers,. Commencez à crier grâce sur votre vie. Peut-être que votre vie de prière a besoin d'être revitalisée ? Criez grâce sur votre vie de prière.

Le commandant en chef des armées célestes attend que nous criions « Grâce, grâce ! » sur nos familles, nos églises, nos villes et nos nations. *Le royaume du monde est remis à notre Seigneur et à son Christ; et il régnera aux siècles des siècles* (Apocalypse 11:15).

« Grâce, grâce ! »

REFLEXION

Enumérez certains domaines de votre vie où vous avez besoin de voir la grâce de Dieu agir

CHAPITRE 4

La grâce pour la vie quotidienne

VERSET CLÉ À MÉMORISER

Mais croissez dans la grâce et dans la connaissance de notre Seigneur et Sauveur Jésus Christ. A lui soit la gloire, maintenant et pour l'éternité! Amen!

2 Pierre 3:18

Jour 1
Croître dans la grâce

Quand j'étais jeune dans le Seigneur, je ne comprenais pas du tout la grâce. Je pensais vraiment que Dieu me devait quelque chose. « Regarde, Seigneur », disais-je, « je t'ai donné ma vie. Je t'ai tout donné. Je t'ai donné ma famille. Tout t'appartient. » J'avais un travail qui me prenait soixante heures par semaine en plus d'un ministère à plein temps parmi les jeunes. Je pensais : « Seigneur, tu dois t'occuper de ma famille. Tu dois t'occuper de ma relation avec ma femme. Après tout, je te sers ; je t'ai donné ma vie. » Par la suite, j'ai réalisé que Dieu ne me devait rien du tout. Dieu ne me devait pas un mariage fort ou une famille saine. Mais même si je ne le méritais pas, Dieu désirait me donner un mariage et une famille sains à cause de sa grâce étonnante. Gloire à Dieu pour sa grâce !

La grâce de Dieu va affecter chaque dimension de votre vie. Nous ne pouvons absolument rien faire si ce n'est par la grâce de Dieu. Est-ce que nous méritons d'avoir un beau jour d'été ensoleillé ? Non. Mais nous recevons le soleil à cause de la grâce de Dieu. Nous nous tenons dans une position où le soleil peut briller sur nous et, quand nous voyons le soleil, nous le recevons. En tant que chrétiens, nous devons nous placer dans une position où nous pouvons recevoir la grâce de Dieu dans nos vies. Cependant, la croissance dans la grâce est un processus. Cela ne se passe pas du jour au lendemain. *Mais croissez dans la grâce et dans la connaissance de notre Seigneur et Sauveur Jésus Christ. A lui soit la gloire, maintenant et pour l'éternité! Amen!* (2 Pierre 3:18).

Dieu nous donne la grâce de grandir à chaque étape du chemin si nous marchons dans l'obéissance. Nous avons été sauvés à cause de la grâce de Dieu par la foi (Ephésiens 2:5, 8) et continuons à recevoir la grâce pour vivre notre vie chrétienne. Dans ce chapitre, nous allons jeter un coup d'œil à plusieurs domaines de nos vies quotidiennes que Dieu désire envahir et garder imbibés de sa grâce.

REFLEXION
Dieu nous doit-il quelque chose parce que nous le servons ? Expliquez certaines façons dont vous avez grandi dans la grâce de Dieu.

Jour 2
Le fruit de l'Esprit

Comment alors croissons-nous dans la grâce ? L'Esprit et notre nature pécheresse sont en guerre l'un contre l'autre. Comme cette nature pécheresse reste en nous après notre conversion et se révèle être notre ennemi mortel (Romains 8:6-8, 13 ; Galates 5:17, 21), nous devons lui résister et la crucifier dans un combat continu que nous menons par la puissance du Saint-Esprit (Romains 8:4-14).

Si nous ne livrons pas un combat contre notre nature pécheresse et que nous continuons à pratiquer les actions qu'elle nous inspire, la Bible dit que nous ne pouvons pas hériter du royaume de Dieu (Galates 5:21). Selon Galates 5:19-21, notre nature pécheresse nous entraîne à tomber dans des choses terribles comme l'immoralité sexuelle, l'impureté, la débauche, l'idolatrie, la sorcellerie, la haine, la discorde, la jalousie, des accès de rage, une ambition égoïste, des dissenssions, des factions, l'envie, l'ivrognerie et les orgies.

Remercions Dieu pour sa grâce, car la liste des actions de notre nature pécheresse dans Galates continue en disant que lorsque nous sommes en communion avec Dieu, il produit le fruit de l'Esprit dans nos vies. *Mais le fruit de l'Esprit, c'est l'amour, la joie, la paix, la patience, la bonté, la douceur, la fidélité, la douceur, la maîtrise de soi; la loi n'est pas contre ces choses. Ceux qui sont à Jésus Christ ont crucifié la chair avec ses passions et ses désirs. Si nous vivons par l'Esprit, marchons aussi selon l'Esprit. Ne cherchons pas une vaine gloire, en nous provoquant les uns les autres, en nous portant envie les uns aux autres* (Galates 5:22-26).

Lorsque nous dépendons de la grâce de Dieu pour vivre un style de vie d'amour, de joie, de paix, de patience, de bonté, de douceur, de fidélité, de douceur et de maîtrise de soi, nous allons obtenir ces vertus ou « fruits » dans nos vies. Lorsque nous laissons le Saint-Esprit diriger nos vies, la puissance du péché est détruite. Nous pouvons alors marcher dans la communion avec Dieu, et par sa grâce, il produira le fruit de l'Esprit pour nous aider à vivre victorieusement dans chaque domaine de nos vies.

REFLEXION
Que se passe-t-il pour notre nature pécheresse quand nous commençons à entrer en communion avec Dieu (Galates 5:22-26) ? Comment le fruit de l'Esprit nous amène-t-il à croître dans la grâce ?

Jour 3
La grâce pour vivre la pureté sexuelle

Les standards de moralité sexuelle sont clairs dans la parole de Dieu. Les croyants doivent vivre des vies pures sur le plan moral et sexuel, selon Hébreux 13:4 : *Que le mariage soit honoré de tous, et le lit conjugal exempt de souillure, car Dieu jugera les impudiques et les adultères.*

En grec, le mot *pur* signifie *être libre de tout ce qui est obscène*. Cela suggère le fait de se réfréner de tout acte et pensée qui incite un désir qui n'est pas en accord avec sa virginité ou ses vœux de mariage. Cela souligne la modération et le fait d'éviter tout acte sexuel et excitation qui souillerait notre pureté devant Dieu. Cela inclut le fait de contrôler nos propres corps « dans la sainteté et l'honnêteté » (1 Thessaloniciens 4:4), et non dans « une convoitise passionnée » (1 Thessaloniciens 4:5). Cette instruction biblique concerne aussi bien ceux qui sont célibataires que ceux qui sont mariés.[1]

L'intimité sexuelle a des limites. Elle est réservée au mariage lorsqu'un homme et une femme deviennent un. Dans ce domaine, Dieu bénit la relation avec le plaisir physique et émotionnel qui en résulte.

La sexualité avant le mariage est condamnée dans la Bible. La maîtrise de soi est un fruit de l'esprit qui contraste avec le fait de s'impliquer dans une gratification sexuelle avec une personne qui n'est pas notre conjoint... *Ne réveillez pas l'amour, avant qu'elle le veuille* (Cantique des cantiques 2:7). Cette phrase revient deux fois dans le Cantique des cantiques (3 :5 ; 8 :4) quand la femme sulamite déclare qu'elle ne veut pas avoir d'intimité sexuelle avant que Salomon et elle ne soient mariés. La virginité jusqu'au mariage est le standard de pureté sexuelle de Dieu pour les hommes et les femmes.

---

[1] *Full Life Study Bible* (Grand Rapids, Michigan : Zondervan Publishing House, 1992), p. 1936

Qu'en est-il de l'homosexualité ? L'homosexualité est devenue une question épineuse dans notre culture moderne. Les personnes homosexuelles ont souvent été exclues et persécutées par une culture qui glorifie de manière hypocrite d'autres formes de péché sexuel. Un homosexuel ne devrait pas être traité différemment de ceux qui se retrouvent empêtrés dans une autre forme de péché. La pratique homosexuelle est un péché (Romains 1:26-26 ; 1 Timothée 1:9-10), mais le péché n'est en aucun cas l'appanage des homosexuels. Nous sommes tous pécheurs. Les mots de Paul en 1 Corinthiens 6:9-11) décrivent l'homosexualité comme un péché, mais il appelle les chrétiens à traiter l'homosexuel comme une personne ayant besoin de pardon et de transformation. *Ne savez-vous pas que les injustes n'hériteront point le royaume de Dieu? Ne vous y trompez pas: ni les impudiques, ni les idolâtres, ni les adultères, ni les efféminés, ni les infâmes, ni les voleurs, ni les cupides, ni les ivrognes, ni les outrageux, ni les ravisseurs, n'hériteront le royaume de Dieu. Et c'est là ce que vous étiez, quelques-uns de vous. Mais vous avez été lavés, mais vous avez été sanctifiés, mais vous avez été justifiés au nom du Seigneur Jésus Christ, et par l'Esprit de notre Dieu.*

Parfois, des chrétiens continuent à lutter contre une attraction envers des personnes du même sexe. Une compréhension et de sages conseils peuvent faire la différence pour aider ces personnes à éviter l'activité homosexuelle. Aussi bien ceux qui sont tentés que ceux qui sont déjà empêtrés dans le péché (Galates 6:1) ont besoin d'être restaurés dans un esprit de compassion et de douceur. En tant que chrétiens, nous devons être des ministres de la grâce transformatrice de Dieu envers les homosexuels et ceux qui luttent avec ces tentations. La Bible offre de l'espérance pour chaque pécheur. Nous avons tous également besoin de la grâce de Dieu. Nous devons aimer les gens alors que nous les dirigeons vers la vie victorieuse possible en Jésus-Christ.

REFLEXION

Pourquoi est-il important de vivre une vie sexuellement pure (Hébreux 13:4) ? L'homosexualité est-elle un péché (1 Corinthiens 6:9-11) ?

Jour 4
La grâce pour le mariage

Le mariage est l'idée de Dieu. Genèse 2:24 implique que le mariage est une relation exclusive (un homme ... sa femme), qui est publiquement reconnue (quitte ses parents), permanente (s'attache...) et est consumée en ayant des relations sexuelles (ils deviendront une seule chair). Le lien du mariage est une alliance divine destinée à durer toute la vie. La fidélité, le soutien et le partage mutuel sont au centre de la relation alors que le mari et sa femme construisent la vie de Christ l'un dans l'autre.

Dieu a donné à l'homme la domination sur toute créature vivante (Genèse 1:28). Puis il a placé l'homme dans le jardin d'Eden pour qu'il prenne soin de sa création (Genèse 2:15). Il a créé un ordre afin que les choses ne soient pas dans le chaos dans ce monde. Il en va de même dans le mariage. Le fondement biblique pour l'ordre dans le mariage chrétien se trouve en Ephésiens 5:21-33. ...*Vous soumettant les uns aux autres dans la crainte de Christ. Femmes, soyez soumises à vos maris, comme au Seigneur; car le mari est le chef de la femme, comme Christ est le chef de l'Église, qui est son corps, et dont il est le Sauveur. Or, de même que l'Église est soumise à Christ, les femmes aussi doivent l'être à leurs maris en toutes choses. Maris, aimez vos femmes, comme Christ a aimé l'Église, et s'est livré lui-même pour elle, afin de la sanctifier par la parole, après l'avoir purifiée par le baptême d'eau, afin de faire paraître devant lui cette Église glorieuse, sans tache, ni ride, ni rien de semblable, mais sainte et irrépréhensible. C'est ainsi que les maris doivent aimer leurs femmes comme leurs propres corps. Celui qui aime sa femme s'aime lui-même. Car jamais personne n'a haï sa propre chair; mais il la nourrit et en prend soin, comme Christ le fait pour l'Église, parce que nous sommes membres de son corps. C'est pourquoi l'homme quittera son père et sa mère, et s'attachera à sa femme, et les deux deviendront une seule chair. Ce mystère est grand; je dis cela par rapport à Christ et à l'Église. Du reste, que chacun de vous aime sa femme comme lui-même, et que la femme respecte son mari.*

Le mari et son épouse doivent se soumettre l'un à l'autre dans l'amour. Ce verset dit que le mari est par sa position la « tête » de la femme, ce qui signifie qu'il est le responsable. Responsabilité, cependant, ne signifie pas contrôle. Dans le monde d'aujourd'hui où la violence domestique est un immense problème, nous ne pouvons pas penser qu'un abus physique ou verbal concerne automatiquement un manque de soumission. L'égoïsme et le contrôle ne constituent pas des manières justes d'être la tête. Toute sorte d'abus dans le mariage, y compris des abus physiques, émotionnels, spirituels ou sexuels, est faux. Si un abus physique se produit, le conjoint battu devrait chercher un refuge dans un endroit sûr.

Le mariage est institué par Dieu afin que les hommes et les femmes puissent mutuellement se compléter. Le mariage a besoin de deux personnes qui vont travailler dur pour nourrir ce lien. Tristement, dans le monde d'aujourd'hui, le taux de divorce atteint des proportions épidémiques. Que faire alors lorsqu'un mariage échoue ? Lisez la section suivante pour quelques pistes de réflexion.

REFLEXION
Comment un mari devrait-il aimer sa femme, selon Ephésiens 5:21-33 ? Comment une femme « se soumet-elle à son mari comme au Seigneur » ?

Jour 5
La grâce lorsqu'un mariage échoue

La réconciliation est au cœur même du christianisme. Bien que les Ecritures citent deux raisons bibliques pour le divorce, tous les efforts devraient être faits pour restaurer un mariage. L'apôtre Paul écrivait à l'église de Corinthe : *Es-tu lié à une femme, ne cherche pas à rompre ce lien...* (1 Corinthiens 7:27a).

Lorsque les Pharisiens ont posé des questions à Jésus sur les raisons justifiant un divorce, il les a ramené à l'institution originelle du mariage (Matthieu 19:3-8), soulignant que le mariage a été prévu pour durer toute la vie. Dieu déteste le divorce (Malachie 2:13-16). Le divorce est destructeur. Il a un impact non seulement sur deux personnes, mais sur leurs enfants et leurs familles. La réconciliation dans le mariage est le désir de Dieu (1 Corinthiens 7:12-14). Cependant, parfois, la réconciliation n'est pas possible. Dans ce cas, la parole de Dieu cite deux raisons où le divorce est permis – pour infidélité dans le mariage (Matthieu 5:31-32, 19 :9) ou abandon (1 Corinthiens 7:15-16).

Vivre dans la grâce de Die

L'échec dans le mariage a souvent *l'égoïsme* pour racine. Nous voulons ce que nous avons envie ! Quelles que soient les raisons, nous devons voir les choses en face : le monde actuel est rempli de mariages brisés. Nous devons servir avec compassion les personnes confrontées à un échec conjugal.

Ceux qui passent par un divorce expérimentent une trahison dans leur confiance. Lors de cette période cruciale et dévastatrice, une personne passant par un divorce a besoin d'être accompagnée dans la prière et d'être redevable envers des conseillers ou des responsables ayant toute sa confiance. Elle aura besoin de gérer ces questions liées à la confiance et à la crainte (Comment pourrais-je jamais à nouveau faire confiance à un conjoint ? Qu'est-ce qui pourrait empêcher un autre mariage d'échouer à nouveau ?). Certaines des personnes les plus héroïques sont celles contre lesquelles d'autres ont péché et qui ont éprouvé l'abandon, la séparation et/ou le divorce contre leur volonté. Ces gens n'ont pas péché, mais se sentent rejetés par de nombreuses personnes dans l'église aujourd'hui. Jésus n'abandonne jamais, ne se sépare (ou ne rejette) jamais ou ne divorce jamais ceux qui sont à lui. Pendant ces temps, sa grâce augmente ! *Que le mariage soit honoré de tous, et le lit conjugal exempt de souillure, car Dieu jugera les impudiques et les adultères... car Dieu lui-même a dit : Je ne te délaisserai point, et je ne t'abandonnerai point. C'est donc avec assurance que nous pouvons dire : Le Seigneur est mon aide, je ne craindrai rien ; Que peut me faire un homme ?* (Hébreux 13:4-6)

REFLEXION
Comment pouvons-nous servir avec compassion une personne passant par un divorce ? Qui ne va jamais nous quitter selon Hébreux 13:4-6 ?

Jour 6
La grâce pour les célibataires

Nous avons dit plus haut que la sexualité est réservée au mariage. Que dit la Bible au sujet du célibat ? Le monde nous dit que l'être humain ne peut pas vivre sans expérience sexuelle, mais la Bible n'est pas d'accord sur ce point. Une personne célibataire peut être épanouie et vivre sans expérience sexuelle. Jésus fait référence au célibat comme une vocation divine dans Matthieu 19:12 : *Il y* en a qui se sont rendus eunuques eux-mêmes (ou qui ont renoncé à se marier), à cause du royaume des cieux. Que celui qui peut comprendre comprenne (ou que celui qui peut l'accepter l'accepte).

L'apôtre Paul écrivait que l'une des bénédictions du célibat est que cela libère les gens pour leur donner une dévotion sans partage pour Jésus. *Or, je voudrais que vous fussiez sans inquiétude. Celui qui n'est pas marié s'inquiète des choses du Seigneur, des moyens de plaire au Seigneur; et celui qui est marié s'inquiète des choses du monde, des moyens de plaire à sa femme. Il y a de même une différence entre la femme et la vierge: celle qui n'est pas mariée s'inquiète des choses du Seigneur, afin d'être sainte de corps et d'esprit ; et celle qui est mariée s'inquiète des choses du monde, des moyens de plaire à son mari. Je dis cela dans votre intérêt; ce n'est pas pour vous prendre au piège, c'est pour vous porter à ce qui est bienséant et propre à vous attacher au Seigneur sans distraction* (1 Corinthiens 7:32-35).

Il dit également que tant le mariage que le célibat sont des dons de la grâce de Dieu. *Je voudrais que tous les hommes fussent comme moi; mais chacun tient de Dieu un don particulier, l'un d'une manière, l'autre d'une autre* (1 Corinthiens 7:7). Tant la personne mariée que la célibataire recevront la grâce pour vivre la situation dans laquelle elles se trouvent.

Les personnes qui ne sont pas mariées peuvent être très solitaires par moments, mais Dieu donne toujours la grâce pour vivre dans l'obéissance à sa Parole. Si vous êtes célibataire, vous n'être pas une demi personne. Vous êtes complet en Christ. Il désire que vous soyez épanoui(e) en tant que célibataire, et il vous donnera la grâce pour cela.

REFLEXION
Quel est l'avantage d'être célibataire, selon 1 Corinthiens 7:32-35 ?

Jour 7
La grâce est disponible; ne passez pas à côté !

L'auteur d'Hébreux 12:15 avertit les croyants qu'ils ne devraient pas passer à côté de la grâce de Dieu. *Veillez à ce que nul ne se prive de la grâce de Dieu...* Nous pouvons nous priver de la grâce de Dieu lorsque nous tentons de vivre notre vie chrétienne par nos propres efforts. Dans Galates 5:3-4, Paul dit que les Galates ont passé d'une vie de foi en Christ à une observation légaliste de la loi. Ainsi, ils sont ...*déchus de la grâce* (v. 5).

Parfois, les gens disent d'une personne qui les a blessés : « Il m'a vraiment blessé dans mes émotions. » Si nous permettons à nos émotions blessées de contrôler nos vies, nous ne vivons pas dans le domaine de la grâce de Dieu. Qui a dit que tout le monde devait être gentil avec nous ? Si nous sommes mal compris, la seule raison pour laquelle les choses ne sont pas pires encore est la grâce de Dieu. Si nous sommes blessés, nous exigeons nos propres droits. Mais nous n'avons aucun droit. Ils ont été cloués à la croix il y a deux mille ans. Nous n'avons plus le *droit* de ne pas être blessé. Cependant, nous avons un *privilège* chaque fois que nous pouvons vivre pour Dieu et faisons l'expérience d'une vie victorieuse. Nous avons ce privilège comme résultat de la grâce de Dieu.

Soyons clairs : en tant que chrétiens, nous avons des droits contre le diable. La Bible nous enseigne que nous avons des droits spirituels alors que nous prenons position contre l'ennemi pour le chasser au nom de Jésus. Nous avons le droit d'utiliser le nom de Jésus, le sang de Christ et la parole de Dieu. Mais nous devons réaliser que même ce droit n'est disponible que par la grâce de Dieu.

Souvent, quand je rencontre des parents qui ont élevé leur famille en Dieu, je leur pose la question : « Comment avez-vous fait ? » Je n'ai pas été surpris par leur réponse. Ils me répondent simplement : « C'est la grâce de Dieu. » Si nous pensons que nous méritons de bons enfants, un bon travail et de bons amis parce que nous avons tout fait comme il fut, nous avons tout simplement tort !

Je suis reconnaissant de ce que Dieu m'ait donné une famille et un mariage merveilleux. Mais ce n'est pas à cause de ce que j'ai fait. Je ne suis qu'un récipient de la grâce de Dieu, que j'ai reçue de sa part comme un don gratuit.

Du début jusqu'à la fin, nous devons vivre nos vies dans la grâce de Dieu. La grâce de Dieu reçue par la foi nous apporte le salut au début de notre vie chrétienne et continue de nous donner le pouvoir et la capacité de répondre à Dieu et de résister au péché. La grâce est un don merveilleux que Dieu nous offre parce qu'il nous aime !

REFLEXION

Comment pouvons-nous passer à côté de la grâce de Dieu ? Expliquez la différence entre avoir des droits et des privilèges ?

Vivre dans la grâce de Dieu
Canevas du chapitre 1

Qu'est-ce que la grâce ?

1. **La grâce affecte tout**

    Ex. L'ours dans une prison métallique ou mentale ; il ne peut changer même quand on lui en donne l'opportunité

    a. Comme l'ours, beaucoup de chrétiens sont si habitués à certaines manières de pensée, de défaite et d'échec qu'ils sont verrouillés dans une prison invisible.
    b. Nous recevons la grâce gratuitement et ne la méritons pas, et nos cœurs ne peuvent que changer à travers elle !
    c. La grâce est mentionnée plus de 125 fois dans le Nouveau Testament. Paul a souvent commencé ses lettres en parlant de la grâce (1 Corinthiens 1:3-4).

2. **La grâce, don gratuit de Dieu, est la base du salut**

    a. La grâce est définie comme *la faveur gratuite de Dieu envers ceux qui ne la méritent pas*.
    b. Notre premier aperçu de la grâce se passe lorsque nous sommes sauvé (Ephésiens 2:8-9). Dieu nous attire (Jean 6:44).
    c. C'est la grâce qui motive Dieu à nous offrir le salut même si nous ne le méritons pas (Romains 11:6).
    d. Deux facettes de la grâce : la grâce salvatrice de Dieu, sa « faveur imméritée » et la grâce que Dieu donne aux croyants pour leur donner « le désir et la capacité de faire la volonté de Dieu » (nous abordons ce concept dans les chapitres 3 et 4).

3. **Miséricorde ou grâce**

    a. La miséricorde, c'est « Dieu qui ne nous donne pas ce que nous méritons » et la grâce, c'est « Dieu qui nous donne ce que nous ne méritons pas. »
    Ex. L'officier de police nous donnant une contravention avec différents scénarios.
    b. Si nous pensons que Dieu nous doit quelque chose, nous ne sommes pas dans la grâce.

4. **Plus sous la loi, mais sous la grâce**
   a. Dieu a donné à Moïse des lois morales à observer (les Dix Commandements) qui ont démontré à l'humanité sa condition pécheresse alors qu'elle tentait d'obéir à la loi.
   b. Jésus a changé tout cela. A travers lui, la grâce nous est offerte – notre droiture devant Dieu ne dépend plus du fait que nous gardons la loi (Jean 1:17).
   c. Ceux qui sont sous la loi en sont toujours sous son poids. Pour échapper à la domination du péché, un chrétien sort de la loi et se place sous la grâce (Romains 6:14).

5. **Les dix commandements nous montrent combien la grâce est importante**
   Deutéronome 5:6-21
   a. Parlez des Dix Commandements et de votre incapacité à les observer.
   b. Les Dix Commandements nous convainquent de notre péché et de notre incapacité à observer la loi. Le péché ne nous domine plus, parce que nous ne sommes pas sous la loi, mais sous la grâce !

6. **La grâce est plus puissante que le péché**
   a. Plus nous réalisons l'étendue de notre échec pour obéir à la loi de Dieu, plus nous réalisons la grâce de Dieu envers nous. Romains 5:20
   b. Le Saint-Esprit œuvre dans les croyants pour leur permettre de vivre une vie vertueuse, uniquement par la grâce de Dieu !

7. **Une grâce à bon marché ?**
   a. Pouvons-nous dépendre du pardon du Seigneur et continuer à pécher tout en restant assurés de ne pas être sous le jugement ? (Romains 6:1)
   b. Nous devons être attentifs à réaffirmer quotidiennement notre décision de résister au péché et de suivre Christ (Romains 8:13 ; Hébreux 3:7-11).
   c. Si nous cessons de résister au péché, nos cœurs finissent par s'endurcir. Il est possible de redevenir l'esclave du péché, ce qui entraîne la mort (Romains 6:23).

Vivre dans la grâce de Die

Vivre dans la grâce de Dieu
Canevas du chapitre 2

Répondre à la grâce de Dieu

1. **Totalement dépendant de la grâce de Dieu**
   a. L'apôtre Paul avait tous les avantages liés à sa naissance, aussi bien qu'éducation et accomplissements personnels. Cependant, il attribuait tout cela à la grâce de Dieu (1 Corinthiens 15:10).
   b. Toutes bonnes choses dans nos vies viennent par la grâce de Dieu.

2. **Dieu nous donne une grâce sans limites pour changer**
   a. Nous ne devrions pas être passifs pour désirer et accepter la grâce.
   b. Prenons Dieu au mot et faisons confiance en sa grâce pour voir des choses changer dans nos vies et vivre victorieusement. Il donne plus de grâce (Jacques 4:6)
   c. Continuons dans sa grâce même dans l'opposition (Actes 13:43).

3. **Déchoir de la grâce de Dieu**
   a. Parabole du propriétaire de vigne (Matthieu 20:11-15). Nous devons vivre complètement satisfaits, et ne pas avoir de difficultés lorsque quelqu'un s'en sort mieux que nous.
   b. Nous ne deviendrons pas amers ou jaloux en vivant dans la grâce de Dieu (Hébreux 12:15).

4. **La grâce pour les humbles**
   a. L'humilité est une attitude de dépendance vis-à-vis de Jésus-Christ.
   1 Pierre 5:5-6
   b. L'humilité nous place dans une position où nous pouvons recevoir la grâce de Dieu.

5. **Assaisonnez votre discours de grâce**
   a. Nos paroles devraient être assaisonnées de grâce (Colossiens 4:6).
      Ex. Le foie assaisonné de la bonne manière peut être mangeable !
   b. La façon de dire les choses est aussi importante que les choses que nous disons, en particulier lorsque nous donnons une parole de correction à quelqu'un.
      Ephésiens 4:15

6. **La grâce de Dieu au travers de la souffrance**
   a. Il y a de nombreuses raisons pour lesquelles nous souffrons en conséquence de nos actions : parce que nous vivons dans un monde déchu, à cause d'afflictions démoniaques...
   b. Le fait d'être fidèle à Dieu ne nous garantit pas une vie sans souffrances, mais « de ne pas être tentés au-delà de nos forces » (1 Corinthiens 10:13).
   c. La souffrance nous ouvre souvent à la grâce abondante de Dieu.
      2 Corinthiens 12:9 ; Jérémie 31:2
   d. Au sein des souffrances de la vie, nous sommes soutenus par une vie intérieure qui ne peut pas être vaincue (2 Corinthiens 4:7-8).

7. **La grâce qui vous motive**
   a. Même dans les mauvais jours, nous devrions rendre grâces.
      1 Thessalonciens 5:18
   b. Nous ne devrions pas prendre la grâce de Dieu comme un dû.
      2 Corinthiens 6:1-2
   c. Si nous réalisons que nous ne sommes plus dans la grâce de Dieu, nous sommes exhortés à nous réconcilier (2 Corinthiens 5:20).

Vivre dans la grâce de Dieu
Canevas du chapitre 3
Proclamer la grâce sur la montagne

1. **La grâce libère l'énergie divine**
   a. L'autre aspect de la grâce : le pouvoir et la capacité de faire la volonté de Dieu. La grâce de Dieu libère l'énergie divine dans nos vies.
   Ex. Le Seigneur a donné son énergie divine pour achever la reconstruction du temple (Zacharie 4:6-7) alors qu'ils criaient « grâce » sur le projet.
   b. « Crier grâce » face à la montagne d'impossibilités qui se dresse devant nous nous aide à changer notre regard de nos capacités (ou manques) à ses capacités.

2. **Proclamer la grâce sur des situations impossibles**
   a. La sagesse de Dieu et la sagesse du monde sont opposées (1 Corinthiens 1:18). La sagesse du monde met l'accent sur notre capacité à prendre soin de nous-mêmes alors que la sagesse de Dieu met l'accent sur une totale dépendance vis-à-vis de Dieu.
   Ex. Exode 17 : Pourquoi l'armée n'avance-t-elle que lorsque les bras de Moïse sont dressés ? Cela n'a aucun sens pour la pensée naturelle.
   b. Si le Seigneur nous montre quelque chose à faire, nous devons lui obéir (2 Rois 13:19). Pourquoi est-il important d'être obéissant ?

3. **Nous recevons la grâce pour régner dans la vie !**
   a. Nous recevons la grâce pour régner dans la vie (Romains 5:17). Nous pouvons vivre au-dessus des circonstances et des difficultés et recevoir la grâce pour vivre victorieusement.
   b. Proclamer : « Grâce, grâce ! » sur un domaine de votre vie qui semble être une montagne impossible à franchir. Qu'attendez-vous qu'il se passe ?

4. **Dieu donne des dons en fonction de sa grâce**
   a. Dieu donne des dons (des motivations intérieures et des capacités) aux croyants pour le bénéfice du corps de Christ.
   b. Ces « dons de grâce » sont utilisés pour guider et encourager les autres (Romains 12:6-8, 1 Pierre 4:10).

5. **Il n'est pas sage de se comparer**
   a. Nous ne devrions pas nous comparer à d'autres personnes, mais à la parole de Dieu.
   b. Ni l'orgueil, ni l'infériorité ne sont des réponses inspirées par la grâce.
   2 Corinthiens 10:12
   c. Que se passe-t-il lorsque nous nous comparons aux autres ?

6. **Transmettre la grâce aux autres**
   a. Transmettre aux autres l'énergie divine par nos paroles.
   Ephésiens 4:29
   b. Nous avons besoin d'une grande dose de grâce (Actes 4:33) comme les apôtres.

7. **A Dieu tout le crédit**
   a. Nous sommes tous des serviteurs compétents (2 Corinthiens 3:5) et Dieu vit en nous, servant à travers nous.
   Ex. Un câble électrique est un canal pour le courant tout comme nous sommes des canaux pour que la grâce et la puissance de Dieu coulent au travers de nos vies.
   b. Nous sommes héritiers de Christ, justifiés par sa grâce (Tite 3:7)
   c. Criez : « Grâce, grâce ! » sur les montagnes d'impossibilité dans vos vies.

Vivre dans la grâce de Dieu
Canevas du chapitre 4

La grâce pour la vie quotidienne

1. **Croître dans la grâce**
   a. La grâce de Dieu affecte tous les domaines de nos vies.
   b. Dieu nous donne sa grâce pour grandir spirituellement (2 Pierre 3:18).
   c. Nous sommes sauvés par la grâce (Ephésiens 2:5, 8) et continuons à recevoir la grâce pour vivre la vie chrétienne.

2. **Le fruit de l'Esprit**
   a. Nous devons résister à notre nature pécheresse dans un combat continuel, mené par la puissance du Saint-Esprit (Romains 8:4-14).
   b. Remerciez Dieu pour sa grâce, car lorsque nous communions avec Dieu, il produit le fruit de l'Esprit dans nos vies (Galates 5:22-26). Lorsque nous permettons au Saint-Esprit de diriger nos vies, la puissance du péché est détruite afin que nous puissions vivre victorieusement.

3. **La grâce pour vivre la pureté sexuelle**
   a. Les croyants doivent vivre des vies sexuellement pures (Hébreux 13:4). Par pur, nous voulons parler de la capacité de contrôler nos corps d'une manière sainte et honorable (1 Thessaloniciens 4:4-5).
   b. L'intimité sexuelle a des limites – réservées pour le mariage. La sexualité avant le mariage est condamnée.
   c. L'homosexualité est un péché (1 Corinthiens 6:9-11 ; Romains 1:26-27). Nous devons aider les croyants qui luttent avec une attraction envers les personnes du même sexe et les diriger vers la vie victorieuse possible au travers de Jésus-Christ.

4. **La grâce pour le mariage**
   a. Le mariage est une relation exclusive entre un homme et une femme (Genèse 2:24).
   b. Il y a un ordre dans la nature, il en est de même dans le mariage : Ephésiens 5:21-33 – Le mari et sa femme se soumettent l'un à l'autre, le mari étant de par sa position le chef de la femme. Il est la personne responsable.
   c. Il faut deux personnes qui travaillent dur pour nourrir ce lien pour faire un mariage.

5. **La grâce lorsqu'un mariage échoue**
   a. Chaque effort devrait être fait pour restaurer un mariage qui bat de l'aile.
   b. Deux raisons pour le divorce : l'infidélité conjugale ou l'abandon (Matthieu 5:31-32 ; 19:9 ; 1 Corinthiens 7:15-16).
   c. Une personne passant par un divorce a besoin d'être redevable envers une autre personne qui prie pour elle. La grâce de Dieu augmente dans les temps de besoin. Il ne nous abandonnera jamais (Hébreux 13:4-6).

6. **La grâce pour les célibataires**
   a. L'apôtre Paul a dit qu'une bénédiction du célibat est qu'il libère l'individu pour offrir une dévotion sans partage à Jésus (1 Corinthiens 7:32-35).
   b. Tant le mariage que le célibat sont des dons de Dieu et tous deux reçoivent la grâce pour vivre l'état dans lequel ils se trouvent (1 Corinthiens 7:7).

7. **La grâce est disponible; ne passez pas à côté !**
   a. On peut passer à côté de la grâce, selon Hébreux 12:15. Lorsque nous tentons de vivre par nos propres efforts, nous manquons la grâce de Dieu (Galates 5:3-4).
   b. Vivre dans la grâce de Dieu implique que nous n'exigeons pas nos droits. Nous n'avons que des privilèges par la grâce de Dieu.
   c. Du début jusqu'à la fin, nos vies doivent être vécues dans la grâce de Dieu.

Vivre dans la grâce de Die

Questions de méditation supplémentaires

Si vous utilisez ce livre comme guide de méditation quotidienne, vous aurez réalisé qu'il y a vingt-huit jours dans cette étude. Selon le mois, vous pourrez avoir besoin des trois études quotidiennes données ci-dessous.

Jour 29
Mort au péché

Lisez Romains 6:1-2, 11-12. Comme le péché est actif dans le monde et que la grâce est plus grande que le péché, faut-il que vous péchiez afin que Dieu répande encore plus de grâce ? Expliquez. Êtes-vous mort au péché ou êtes-vous toujours esclave du péché ? Que la Bible nous dit-elle de faire au sujet du péché qui cherche à s'infiltrer dans nos vies ?

Jour 30
Grâce et humilité

Lisez Romains 12:3. Paul écrit à l'église de Rome et admet que ce n'est que par la grâce de Dieu qu'il peut les instruire dans l'humilité. Alors que Christ croît en vous, vous allez diminuer. C'est l'opposé de l'orgueil (qui consiste à s'élever au-dessus de Dieu). Comment vous placez vous par rapport à votre relation aux autres ? Comment le Seigneur désire-t-il que nous nous voyions nous-mêmes ?

Jour 31
La grâce dans votre vie

Lisez Romains 16:20-24. Pouvez-vous faire complètement confiance à la puissance de Dieu pour vaincre vos ennemis ? Croyez-vous que la grâce de Dieu soit sur votre vie en tant que croyant en Jésus-Christ ? Expliquez. Recevez la grâce de Dieu quand elle est proclamée sur vous et, en retour, proclamez-la sur la vie des autres.

Fondements bibliques 6

Libéré de la malédiction

Christ amène la liberté dans chaque domaine de nos vies

CHAPITRE 1

Qu'est-ce qu'une malédiction ?

VERSET CLÉ À MÉMORISER
*Christ nous a rachetés de la malédiction de la loi, étant deven*u malédiction pour nous — car il est écrit : Maudit soit quiconque est pendu au bois.

Galates 3:13

Jour 1
Le péché entre dans un monde parfait et le change à jamais

Dieu a un plan parfait pour ce monde. Son plan pour la race humaine, en commençant par Adam et Eve, était que toute la création soit bénie. Il n'y aurait pas de maladie, ni de pauvreté. Il n'y aurait que la beauté, la santé et l'abondance. Cependant, Adam et Eve ont désobéi au commandement que Dieu leur a donné au sujet de l'arbre de la connaissance du bien et du mal, et le péché est entré dans le monde. Ils se sont confiés en eux-mêmes et en leur propre capacité de prendre une décision qui leur semblait juste à leurs yeux au lieu d'obéir à Dieu, et ils ont commis une erreur fatale. Cette erreur a eu des conséquences pour chacun d'entre nous. *Le péché est entré dans le monde à cause d'un seul homme, Adam, et le péché a amené la mort. Alors la mort a touché tous les êtres humains parce que tous ont péché (Romains 5:12).*

Nous sommes nés avec une attraction pour le péché
Romains 5:19 ; 1:21 ; 7:24
Genèse 6:5, 12 ; 8:21
Psaume 14:1-3 ; Jérémie 17:9
Marc 7:21-22 ; 1 Corinthiens 2:14
Galates 5:19 ; Ephésiens 2:1-3
Colossiens 1:21 ; 1 Jean 5:19

A cause de la désobéissance d'Adam et Eve, quand ils ont choisi de croire les mensonges du diable, nous vivons maintenant dans un monde « maudit ou déchu ». Lors de la chute d'Adam, le péché a gagné son entrée dans la race humaine. Tous les humains naissent maintenant dans le monde avec une attraction pour le péché et le mal. Chacun d'entre nous arrive dans ce monde avec une nature pécheresse et possède une tendance naturelle à suivre son propre chemin égoïste en se préoccupant très peu de Dieu et des autres.

REFLEXION
Comment le péché a-t-il maudit ce monde (Romains 5 :12) ?
Qu'est-ce que notre nature pécheresse nous entraîne à faire ?

Jour 2

Satan fait maintenant des ravages dans le monde

A cause de ce qu'Adam et Eve ont fait en brisant le loi que Dieu leur avait donnée, le sol (la nature) a été maudit. Dieu a dit à Adam : *Le sol sera maudit à cause de toi ; c'est avec peine que tu en tireras ta nourriture tous les jours de ta vie (Genèse 3:17b).* Adam devra maintenant travailler à la sueur de son front pour pouvoir subvenir à ses besoins et à ceux de sa famille.

Le péché et sa malédiction ont commencé à croître dans le monde, et le monde a expérimenté le « salaire » du péché. Le salaire du péché, c'est la mort (Romains 6:23). Cette « mort » comprend toutes les misères et les difficultés qui proviennent du péché. Le péché apporte la destruction dans tous les domaines de l'existence humaine.

Dieu pourvoit à ce dont nous avons besoin pour vaincre le péché et Satan
1 Jean 4:4 ; 5:4-5 ; Apocalypse 3:21
Romains 6:1-14 ; Colossiens 2:6-15
Hébreux 2:14-15 ; Ephésiens 6:10

Nous pouvons voir l'évidence de la destruction du péché dans la misère que les gens vivent dans le monde d'aujourd'hui. – des centaines meurent du SIDA chaque semaine, et des centaines d'autres sont infectés par ce virus mortel… un proche parent ou ami peut soudain faire une crise cardiaque… un autre peut mourir du cancer… des viols, des meurtres, la violence des gangs…il semble y avoir une montée de crimes atroces commis quotidiennement. Qui est responsable de ces horreurs ? Si Dieu nous aime vraiment, demandent certaines personnes, pourquoi des gens meurent-ils de faim dans certaines parties du monde ? Je crois que tout est lié au fait que nous sommes constamment confrontés à la puissance et à l'activité de Satan dans ce monde d'une manière ou d'une autre. Depuis le commencement des temps, il fait des ravages dans le monde. Satan cherche à nous accabler par ses mensonges et sa traîtrise. A travers les âges, Satan et ses démons ont continué à harceler l'humanité à cause de la malédiction initiale.

Libéré de la malédiction

Dans ce livre, nous allons nous pencher sur tout ce que cette malédiction implique et découvrir comment être libéré de ses liens. Bien que le péché ait maudit l'humanité, gloire à Dieu, Christ a pourvu à tout ce dont nous avons besoin pour vaincre le péché et Satan !

REFLEXION
Pourquoi le sol a-t-il été maudit dans Genèse 3:17 ? Quelles en ont été les conséquences (Romains 6:23) ?

Jour 3
Jésus règne sur le diable

Satan est le père du péché et le dieu du système de ce monde. Il a amené le péché dans le monde et tente d'attirer les gens vers toutes sortes de maux. Il contrôle ce présent siècle mauvais car le monde est en rébellion contre le règne de Dieu et esclave de Satan (2 Corinthiens 4:4 ; Luc 13:16 ; Galates 1:4 ; Ephésiens 6:12 ; Hébreux 2:14). Mais la bonne et glorieuse nouvelle est que Jésus est venu pour détruire les œuvres du diable ! Il est venu briser le pouvoir, l'influence et la connexion du péché dans nos vies. La Bible nous dit dans 1 Jean 3:8 que ... *le Fils de Dieu est apparu, afin de détruire les œuvres du diable.*

Jésus a entrepris une sainte guerre contre Satan qui veut détruire l'œuvre de Dieu dans ce monde. C'est pour ce projet d'amour que Jésus est venu sur terre il y a deux mille ans. Le projet de Jésus consiste à détruire les œuvres du diable dans nos vies ! Il est venu établir le royaume de Dieu dans nos cœurs et nous délivrer de la domination de Satan. Par sa mort et sa résurrection, Christ a initié la défaite de Satan qui va finalement culminer dans une victoire complète et totale sur Satan à la fin de cet âge. Grâce à Jésus, nous n'avons pas à craindre la malédiction et ses conséquences. Jésus est plus puissant que Satan ! Jésus reconnaît son pouvoir suprême sur le diable, le prince de ce monde, dans Jean 14:30 quand il dit *... le prince de ce monde vient. Il n'a rien en moi.*

Jésus dit aussi : *Vous, petits enfants, vous êtes de Dieu, et vous avez vaincu les faux prophètes, car celui qui est en vous est plus grand que celui qui est dans le monde (1 Jean 4:4).*

Le Saint-Esprit, qui vit dans chaque chrétien, est plus grand et plus puissant que le diable et ses démons qui sont dans le monde. Il combattra nos batailles et nous donnera la victoire. Nous pouvons surmonter le diable et ses mauvais desseins dans ce monde car la victoire nous a été donnée par Jésus !

REFLEXION
Pourquoi Jésus est-il venu d'après 1 Jean 3:8 ? Comment Jésus détruit-il les œuvres du diable dans nos vies ?

Jour 4
Jésus est devenu malédiction pour nous

Nous pouvons être complètement libérés de la malédiction d'avoir brisé la loi de Dieu. Nous pouvons être libérés des mensonges du diable sur nos vies grâce à l'œuvre de Christ sur la croix. La Bible dit qu'il nous a rachetés de la malédiction. *Christ nous a rachetés de la malédiction de la loi, étant devenu malédiction pour nous — car il est écrit : « Maudit soit quiconque est pendu au bois » (Galates 3:13).*

Quand la foule a demandé à ce que Jésus soit crucifié, les gens voulaient l'identifier à une personne maudite car, d'après la loi juive, quiconque était suspendu à un bois était un objet de la malédiction divine (Deutéronome 21:23). Ainsi Jésus a été crucifié pour nous et il est devenu malédiction pour nous. Il a été couronné d'une couronne d'épines, le symbole du péché et de la culpabilité, car il est l'Agneau de Dieu qui ôte le péché du monde ! Chaque malédiction sur nos vies a été placée sur Jésus lorsqu'il a été suspendu à la croix il y a près de deux mille ans ! Nous sommes rachetés et libérés de la malédiction.

Le terme racheté signifie payé en retour. J'ai entendu l'histoire d'un jeune garçon qui, après avoir passé de nombreuses heures à construire un petit bateau, l'a emmené au lac pour le faire naviguer. Avec une longue ficelle attachée au bateau, le garçon s'amusait bien, mais soudain la ficelle s'est rompue et, en un instant, il a perdu son précieux jouet et n'a pu que l'observer suivre le courant et s'en aller en suivant la rivière. Il a pensé l'avoir perdu pour toujours.

Libéré de la malédiction

Plusieurs années plus tard, ce jeune homme est entré dans un magasin de seconde main dans une ville le long de cette même rivière où il avait grandi. Et là, il a retrouvé le bateau qu'il avait fabriqué il y a des années. Il s'est approché du vendeur en disant : « C'est mon bateau. Mes initiales sont gravées dessous. »

Le vendeur lui a répondu : « Je suis désolé, mais quelqu'un m'a apporté ce bateau et me l'a vendu. Vous devrez me le racheter. » Le jeune homme accepta immédiatement de payer le vendeur pour racheter son précieux bateau.

C'est une image de ce que Dieu a fait pour nous. Tout d'abord, Dieu nous a créés, vous et moi. Nous avons suivi notre propre chemin. Il nous a racheté et nous a ramené dans ses projets. Par le sang de Jésus qui a coulé à la croix il y a deux mille ans, nous avons été rachetés (ou ramenés) de la malédiction d'avoir brisé la loi de Dieu (péché) qui était sur nos vies.

Jésus a brisé la malédiction, mais nous devons chercher la libération. Le diable peut maintenir la malédiction sur la vie des gens quand ils ne réalisent pas que Jésus leur a donné l'autorité de briser la malédiction, ou quand ils ne marchent pas dans l'autorité de Christ qui les libère.

REFLEXION
Comment pouvons-nous être libérés de la malédiction de la loi (Galates 3:13) ? Que veut dire être racheté ?

Jour 5
Les gens souffrent parce que notre planète a été abandonnée aux puissances des ténèbres

Si nous avons été rachetés et libérés, pourquoi donc, avec le reste de l'humanité, les chrétiens continuent-ils de souffrir de problèmes financiers, de graves maladies, de bouleversements émotionnels et d'autres difficultés ? Les gens peuvent souffrir pour toutes sortes de raisons. Dans cette section, nous allons nous pencher sur la première des trois raisons principales pour lesquelles les gens souffrent dans ce monde.

Jésus a une fois guéri un homme aveugle de naissance (Jean 9:1-3). Ses disciples lui ont alors demandé : « Qui a péché, cet homme ou ses parents, pour qu'il soit né aveugle ? » Jésus répondit que ni cet homme ni ses parents n'avaient péché. Mais alors pourquoi souffrait-il ? Ce n'était pas à cause de ses fautes qu'il était né aveugle. Pourquoi des gens se trouvent-ils souvent souffrants d'une manière ou d'une autre sans qu'ils n'aient apparemment commis de fautes ?

Nous devons revenir au fait qu'il y a une malédiction dans le monde. Nous avons appris plus tôt que le péché est entré dans le monde par la « malédiction de la loi ». La malédiction de la loi est le nom générique donné par Dieu à toutes les détresses expérimentées suite au péché initial de l'humanité. Depuis le moment où Adam et Eve ont désobéi à Dieu (brisé sa loi, ou péché), *nous vivons sur une planète qui a été abandonnée aux puissances des ténèbres*. Depuis ce moment, le monde souffre sous le règne de Satan. Les croyants comme les non-croyants expérimentent la souffrance comme une conséquence récurrente de la chute d'Adam et Eve. Une bonne partie de nos difficultés est souvent liée au fait que nous vivons dans un monde déchu. Par exemple, le cancer et d'autres maladies peuvent être le résultat d'un régime malsain de nourriture transformée ayant perdu toute valeur nutritionnelle en raison des pesticides, des agents conservateurs et des produits chimiques.

Imaginez ce scénario. Un magnifique jardin est donné à un méchant propriétaire. Ce terrain autrefois rempli de fleurs magnifiques, de plantes et de légumes se retrouve rapidement envahi d'épines et de ronces. Un jour, un homme bon et attentionné paie un grand prix et rachète le jardin. Il le rend à son précédent jardinier en donnant de claires instructions pour le rendre magnifique et fructueux à nouveau. Petit à petit, à force de travail, le jardin reprend vie. C'est ce que Jésus a fait pour l'humanité ! Il a payé le prix de sa propre vie afin de racheter le monde. Jésus est allé sur la croix pour initier la défaite de Satan et détruire sa puissance sur nos vies. En tant que disciples de Jésus, nous avons reçu l'autorité sur cette terre pour remplacer le mal par l'amour, la santé, le pardon, la paix et la bénédiction pour tous.

Dieu n'a jamais prévu que les guerres, les maladies, le cancer, les meurtres, la famine et la pauvreté fassent partie de son plan. Dieu n'est pas la cause du mal qui nous arrive dans ce monde (Jacques

Libéré de la malédiction

1:13). Cependant, Dieu est souverain et, dans sa volonté permissive, il permet que le mal se produise dans le monde. Parfois, il intervient directement, mais souvent il permet au mal de se produire même si ce n'est pas ce qu'il désire. Le mal se répand souvent sans être confronté car le diable opère au-travers d'individus qui ne servent pas le Seigneur et qui n'ont aucun pouvoir sur lui pour résister au mal.

Dieu permet que le mal se poursuive pendant un certain temps. Mais à la fin de cet âge, Satan va expérimenter sa destruction lorsque Dieu le jettera dans l'étang de feu pour toujours (Apocalypse 20:7-10).

En attendant, Romains 8:23 montre que les croyants soupirent intérieurement en raison des conséquences du fait de vivre dans un monde déchu. *Nous aussi, qui avons les prémices de l'Esprit, nous aussi nous soupirons en nous-mêmes, en attendant l'adoption, la rédemption de notre corps.*

Bien que nous ayons l'Esprit et ses bénédictions, nous soupirons en nous-mêmes parce que nous vivons dans un monde déchu et expérimentons ses imperfections, sa souffrance et ses peines. Nous aspirons à la rédemption totale qui sera apportée lors de la résurrection lorsque la gloire de Dieu sera révélée (2 Corinthiens 5:4). En attendant, nous devons marcher dans la grâce, la force et le réconfort de Dieu, qui apportent la victoire spirituelle dans nos vies.

REFLEXION
A la lumière de la souffrance causée par Satan dans ce monde, quelle est notre responsabilité en tant que chrétiens ?

Jour 6
Les gens souffrent parce que les hommes font de mauvais choix

Une deuxième raison pour laquelle les gens (croyants et non-croyants) souffrent sur notre planète est simplement que les gens font de mauvais choix. Dieu a créé l'humanité pour avoir une relation avec lui. Il n'a pas créé des robots programmés pour faire des choix parfaits. Dieu souhaite que nous soyons en communion avec lui et que nous lui obéissions par choix, non par devoir. Dieu nous a créés à son image, avec la capacité de choisir. Et parfois nos choix sont mauvais. Que se passe-t-il alors ?

Il existe une loi dans l'univers, instaurée par Dieu, appelée « la loi des semailles et des moissons ». La Bible nous dit dans Galates 6:7 que ce qu'un homme aura semé, il le moissonnera un jour. En d'autres termes, si nous faisons de mauvais choix dans la vie, nous devrons en récolter les conséquences. Si nous conduisons imprudemment, nous aurons probablement un accident. Si nous ne prenons pas soin de nos corps, nous aurons des problèmes de santé. Si nous refusons de travailler, nous ne pourrons pas nous acheter de nourriture. Le péché d'immoralité et l'adultère entraînent souvent la rupture d'un mariage.

De mauvais choix ne vont pas seulement affecter un individu, mais peuvent avoir un impact sur sa famille et ceux qui l'entourent, et même sur les générations futures. Un père alcoolique ne va pas seulement gâcher sa propre vie, mais son style de vie a un effet dévastateur sur toute sa famille. La Bible dit que les péchés de parents peuvent poursuivre leurs enfants jusqu'aux troisième et quatrième générations (Exode 20:5 ; Deutéronome 5:9).

Un jeune homme que je suivais en relation d'aide m'a dit une fois qu'il ne voulait pas finir comme son père. L'exemple et le style de vie de son père étaient déplorables. Par la suite, cet homme a choisi de se détourner de Christ et, pendant les années qui ont suivi, il s'est produit une chose des plus étonnantes. Le jeune homme, dans ses caractéristiques et dans son style de vie, a commencé à ressembler de plus en plus à son père. Comme ce jeune homme ne vivait plus dans la soumission au Seigneur Jésus-Christ, il était incapable de briser la malédiction transmise par la génération de son père à sa génération. En fait, la malédiction a été héritée de plusieurs générations et l'a amené à continuer à vivre dans les liens. C'est pour cette raison que Jésus a donné sa vie sur la croix. Il est devenu malédiction pour nous afin que nous n'ayons plus à craindre de récolter ce qui a été semé par nos ancêtres. (Pour en savoir davantage sur la façon de briser les malédictions et les forteresses héréditaires, vous pouvez lire le chapitre 4, jour 6).

En tant que chrétiens, nous devons agir en accord avec la parole de Dieu et éviter tout ce qui nous éloigne de la protection divine. Nous devons confesser tout péché connu et examiner nos vies pour voir si nous attristons le Saint-Esprit. Cependant, lorsque nous faisons des mauvais choix, même sans nous en rendre compte,

Libéré de la malédiction

Dieu peut permettre des difficultés et des souffrances dans nos vies pour nous discipliner afin que nous nous soumettions à nouveau à sa volonté et marchions dans la foi. Lorsque Dieu nous discipline, Il le fait parce qu'Il nous aime, selon Hébreux 12:5-6 : *Et vous avez oublié l'exhortation qui vous est adressée comme à des fils : Mon fils, ne prends pas à la légère la correction du Seigneur, et ne te décourage pas lorsqu'Il te reprend. Car le Seigneur corrige celui qu'il aime, et frappe de verges tout fils qu'il agrée.*

Dieu désire que nous vivions une vie sainte comme ses enfants. La souffrance est parfois un outil que Dieu utilise pour attirer notre attention. Il souhaite accomplir ses desseins pour nos vies et nous amener à lui faire totalement confiance. Parfois nous devons supporter des difficultés, car elles peuvent servir de catalyseur pour notre croissance spirituelle. *Toute correction, il est vrai, paraît être au premier abord un sujet de tristesse et non de joie ; mais plus tard elle procure un paisible fruit de justice à ceux qu'elle a formés (Hébreux 12:11).* La souffrance nous force à nous confier en Dieu plutôt qu'en nous-mêmes.

REFLEXION
Comment nos choix influencent-ils la manière dont nos vies sont vécues ? Est-il possible d'être affecté par les péchés de nos ancêtres ?

Jour 7
Les gens souffrent à cause d'attaques sataniques directes

Les attaques sataniques directes constituent la troisième raison pour laquelle les gens souffrent dans ce monde. Le Nouveau Testament est rempli d'histoires de gens qui ont souffert à cause de démons qui les tourmentaient, et c'est toujours le cas aujourd'hui.

Des malédictions démoniaques sont parfois placées sur une personne afin qu'elle soit handicappée émotionnellement, spirituellement et même physiquement. Le terme *malédiction signifie appeler le mal, affliger.* Ceux qui sont impliqués dans des sectes sataniques tentent parfois de placer des malédictions sur la vie d'autres personnes, ce qui peut entraîner des accideents inexpliquables ou des types de problèmes spécifiques et récurrents.

Balak, le roi des Moabites, a tenté de placer une malédiction sur les Israélites qui venaient dans sa direction. Balak avait entendu comment le Dieu des Israélites avait détruit leurs ennemis et il était effrayé. Il a donc fait venir un prophète nommé Balaam et lui a demandé de placer une malédiction sur le peuple d'Israël. Son plan n'a pas fonctionné. Les enfants d'Israël ont choisi de suivre le plan de Dieu pour leurs vies, et aucun ennemi ne pouvait les vaincre (Nombres 22).

Les croyants ne sont pas forcément immunisés contre les attaques et les liens de Satan. Même si Job était un homme juste qui a marché avec Dieu, le Seigneur a permis à Satan de l'attaquer. Paul était un homme pieux rempli de l'Esprit, et pourtant il a expérimenté une « écharde dans la chair » qu'il décrit comme un messager de Satan. Ces deux hommes ont souffert, mais Dieu s'est servi de leur affliction pour leur enseigner d'importantes leçons spirituelles. Ces hommes ont appris à vivre victorieusement parce qu'ils savaient qu'ultimement ils avaient autorité sur la puissance de Satan et de ses démons tout comme nous aujourd'hui.

Il est important de nous souvenir qu'« une malédiction sans cause n'a pas d'effet ». En général, une attaque satanique directe se produit pour l'une des deux raisons suivantes :

1. Nous ne marchons pas sous la protection du Christ ou ne savons pas comment marcher dans son autorité, ce qui ouvre nos vies à une attaque démoniaque.

2. Dans le cas de Paul, il marchait avec un si grande révélation que Jésus a autorisé Satan à le toucher afin qu'il ne s'enorgueillisse pas (2 Corinthiens 12:7).

Nous devons briser le pouvoir de Satan en livrant un combat spirituel intense. Nous vivons dans un monde spirituel. L'ennemi est actif, il cherche à nous détruire par tous les moyens possibles. Le diable est venu pour voler, égorger et détruire (Jean 10:10). Quand Satan peut attaquer, il le fait. En tant que chrétiens, nous devons être alertes face aux ruses du diable. *Soyez sobres. Veillez ! Votre adversaire, le diable, rôde comme un lion rugissant, cherchant qui dévorer ; résistez-lui, fermes en la foi, et sachant que les mêmes souffrances sont imposées à vos frères dans le monde. Le Dieu de toute grâce, qui, en Christ, vous a appelés à sa gloire éternelle, après que vous aurez souffert un peu de temps, vous formera lui-*

même, vous affermira, vous fortifiera, vous rendra inébranlables (1 Pierre 5:8-10).

Même si, en tant que chrétiens, nous n'avons pas besoin d'avoir peur de Satan et de ses démons, il est notre ennemi. Nous avons été délivrés de son pouvoir, mais comme un lion rugissant, il reste une menace pour nous et cherche à nous détruire. Nous devons tenir ferme dans la foi. Quel que soit le genre de souffrances qu'il inflige, ou la façon dont il tente d'influencer nos émotions, nos pensées ou nos actions, Dieu va nous soutenir.

REFLEXION
Comme la grâce augmente avec le péché, pouvons-nous continuer de pécher parce que Dieu nous pardonnera toujours ? Que peut-il se passer si nous continuons sans cesse à revenir au péché, selon Romains 6:23 ?

CHAPITRE 2

Nous pouvons reprendre ce que l'ennemi nous a volé

VERSET CLÉ À MÉMORISER

Si par la faute d'un seul, la mort a régné par lui seul, à bien plus forte raison ceux qui reçoivent l'abondance de la grâce et du don de la justice régneront-ils dans la vie par le seul Jésus-Christ.

Romains 5:17

Jour 1
Nous pouvons être victorieux

Si nous avons la puissance de Dieu en nous et que nous sommes libérés de la malédiction de la loi, pourquoi donc certains chrétiens continuent-ils de vivre comme s'ils n'avaient pas été rachetés et libérés ? Oui, même des chrétiens peuvent se trouver liés dans certains domaines. Même si nous avons donné notre vie à Jésus-Christ et sommes remplis de son Saint-Esprit, il peut y avoir des liens qui continuent de nous retenir dans certains domaines de nos vies.

Tout d'abord, en tant que chrétiens, nous devons réaliser que **nous pouvons avoir la victoire dans tous les domaines de nos vies** ! Cette victoire est promise dans le premier livre de la Bible lorsque Dieu promet de racheter le monde en nous donnant la victoire sur Satan.

Le diable est l'être le plus maudit de l'univers, et son sort est scellé. C'est pour cela qu'il mène une guerre si farouche contre Dieu et contre Son peuple. Mais son sort a été scellé au troisième chapitre de la Genèse. Dieu explique au serpent qu'il y aura un conflit spirituel entre la descendance de la femme (Jésus-Christ) et la descendance du serpent (Satan et ses démons). *L'Éternel Dieu dit au serpent : « Puisque tu as fait cela, tu seras maudit entre tout le bétail et tous les animaux de la campagne, tu marcheras sur ton ventre et tu mangeras de la poussière tous les jours de ta vie. Je mettrai inimitié entre toi et la femme, entre ta descendance et sa descendance : Celle-ci t'écrasera la tête, et tu lui écraseras le talon »* (Genèse 3:14-15).

Dieu a promis que le Christ naîtrait d'une femme et qu'il serait « écrasé » lors de sa crucifixion. Mais même s'il était écrasé, Il ressusciterait d'entre les morts pour complètement écraser Satan, le péché et la mort. Jésus est venu nous libérer de la domination de Satan et établir le royaume de Dieu dans nos cœurs. Il est venu nous donner la vie et la victoire !

Les tragédies ne font pas partie du plan de Dieu pour votre vie – elles n'ont pas leur origine dans les Cieux. La Bible nous explique clairement que tout don parfait vient d'en-haut (Jacques 1:17). Une des stratégies les plus subtiles de Satan est de tenter de nous amener à blâmer Dieu pour les difficultés qui surgissent dans nos vies. Nous avons déjà parlé du fait que ces difficultés et ces souffrances peuvent avoir plusieurs causes –nous vivons dans un monde déchu, nous faisons de mauvais choix ou en raison d'une attaque satanique directe. Mais si nous observons les racines de ces différentes causes, nous remarquons qu'elles ont toutes Satan comme origine ! Ainsi nous ne pouvons jamais blâmer Dieu.

Dieu est celui qui nous propose un chemin pour sortir des liens du péché et de la souffrance. Il a un projet pour nos vies. C'est un plan rempli d'espérance. Dieu peut prendre les circonstances les plus négatives et en faire sortir du bien. Aussi sombre que soient nos circonstances aujourd'hui, nous pouvons être pleins d'espoir. Jésus nous aide à traverser chaque obstacle victorieusement. Il a pour vous des projets de paix et non de malheur. Il veut vous donner un avenir et de l'espérance (Jérémie 29:11).

Jésus comprend la souffrance, car il a été prêt à souffrir davantage que n'importe lequel d'entre nous, en prenant nos péchés sur lui lors de sa mort sur la croix. C'est là qu'il a vaincu les puissances des ténèbres et acquis le pardon pour nous, en nous libérant de la malédiction.

REFLEXION
Quel est le destin de Satan (Genèse 3:14-15) ?
Quel est le plan de Dieu pour nos vies (Jérémie 29:11) ?

Jour 2
Nous vivons dans une relation d'alliance avec Dieu

Nous devons réaliser, comme l'a fait Abraham, que Dieu a fait alliance avec nous. Dans une alliance contractée avec Abraham dans Genèse 17:7, Dieu a promis : *J'établirai mon alliance avec toi et ta descendance après toi, dans toutes leurs générations : ce sera une alliance perpétuelle, en vertu de laquelle je serai ton Dieu et celui de tes descendants après toi...*

Par cette alliance de l'Ancien Testament, Dieu promet à Abraham de lui-même se lier à Son peuple pour être leur Dieu. Le Seigneur a poursuivi sur cette lancée dans le Nouveau Testament où il a fait une nouvelle alliance avec nous en Jésus-Christ. La nouvelle alliance est une promesse de protection et de bénédiction divine sur ceux qui, par la foi, acceptent Christ et reçoivent ses promesses.

Galates 3:6-9 dit : *Ainsi, Abraham crut Dieu, et cela lui fut compté comme justice. Reconnaissez-le donc ; ceux qui ont la foi sont fils d'Abraham. Aussi l'Écriture, prévoyant que Dieu justifierait les païens par la foi, a d'avance annoncé cette bonne nouvelle à Abraham : Toutes les nations seront bénies en toi ; de sorte que ceux qui ont la foi sont bénis avec Abraham le croyant.*

Tous ceux qui croient, comme Abraham a cru, prennent part à la bénédiction d'Abraham. Nous avons hérité de la bénédiction d'Abraham par la foi en Jésus-Christ. La foi apporte la bénédiction.

Notre relation avec Dieu est scellée par son sang, mais la profondeur de notre communion avec lui peut fluctuer. Cela dépend de notre obéissance à Dieu. Nous devons maintenir une communion étroite avec Lui afin de pouvoir être bénis selon Deutéronome 28:1-3.

Mais si nous ne tenons pas compte de la voix du Seigneur, nous serons sous une malédiction (v. 15). Une malédiction est simplement l'absence de bénédiction. Le fait de se détourner de la communion avec Dieu entraîne une malédiction sur nos vies. Nous ne pouvons pas nous attendre à ce que Dieu nous bénisse si nous nous sommes détournés de lui.

Néanmoins, les croyants sont assurés que s'ils aiment Jésus et dépendent de lui, il ne va jamais les laisser tomber ou les abandonner. Il sera leur aide dans toutes les difficultés. Jésus-Christ est venu pour nous libérer, afin que nous soyons pleinement nous-mêmes dans tous les domaines de notre vie.

Ce n'est pas la volonté de Dieu que le mal vienne affecter nos vies. La volonté divine n'est pas dans la maladie, la confusion, la dépression, la crainte, l'insécurité ou l'infériorité. Cependant, comme nous l'avons appris auparavant, nous ne serons pas automatiquement exempts de souffrance. Cela ne nie pas le fait que Dieu veut que nous soyons libres de toutes ces difficultés. Elles font partie de la malédiction originale, et Dieu veut que nous soyons libres. Il nous a créés pour que nous soyons pleinement nous-mêmes !

Lorsque j'étais enfant, j'avais un souffle au cœur. Certains membres de ma parenté avaient aussi des problèmes cardiaques. Je crois que c'était le fruit d'une malédiction génétique transmise de génération en génération. Lorsque mes camarades d'école s'éclataient en faisant du sport, je devais rester au bord du terrain et regarder. Souvent, pour empirer les choses, les enseignants me choisissaient pour être l'arbitre. Chaque fois que je devais siffler une faute litigieuse, l'équipe qui n'était pas d'accord avec moi me faisait clairement savoir que j'étais un nul.

Mais, gloire à Dieu, aujourd'hui j'ai été libéré et guéri non seulement de ces souvenirs, mais également du souffle au cœur ! Aujourd'hui, je peux jouer au baseball, au basketball et au football et apprécier chaque minute de jeu. Tout cela parce que Jésus-Christ est devenu malédiction pour moi. Je récolte les bénéfices de ma relation d'alliance avec lui !

REFLEXION
De quoi dépend notre alliance avec Jésus-Christ ?
Citez certains domaines qui font partie de la malédiction originelle. Comment pouvons-nous être libérés ?

Jour 3
Nous ne pouvons pas laisser l'ennemi nous mentir

Il est vrai que les chrétiens peuvent tomber malades ou dans la dépression. Les chrétiens luttent parfois avec des sautes d'humeur de la même façon que leurs parents et leurs grands-parents luttaient contre leur tempérament soupe-au lait. Même les chrétiens peuvent être influencés par une malédiction transmise dans la famille qui peut se perpétuer dans les générations si on ne la confronte pas. La magnifique vérité, c'est que nous pouvons être libérés de ces malédictions au nom de Jésus ! Nous n'avons pas besoin de vivre dans la défaite dans une habitude qui contrôle notre vie liée à un péché ou à une malédiction.

En raison de notre désobéissance au Seigneur avant que nous ayons connu Jésus, nous méritons d'expérimenter la malédiction sur nos vies. Cependant, en raison de notre foi en Jésus et de la grâce de Dieu, nous pouvons nous lever et marcher dans la liberté qui vient de la connaissance de Jésus-Christ.

Le diable a menti à beaucoup d'entre nous. Il est le père du mensonge (Jean 8:44). Il vous a probablement menti à vous aussi. Peut-être vous a-t-il dit que vous ne pouvez rien faire contre ces difficultés car vous voyez le même genre de problèmes chez vos parents. En fait, la vérité est la suivante : Peut-être que vous ne pouviez pas vous empêcher de faire ces choses avant de connaître Jésus, mais à votre nouvelle naissance les choses ont changé. Vous avez un nouveau Père dans les Cieux. Votre nouveau papa n'est pas soumis à la malédiction. Votre nouveau Père dans les Cieux n'a pas de sautes d'humeur. Votre nouveau Père dans les Cieux n'a pas lutté contre le cancer ou les migraines ou les problèmes cardiaques, quel que soit le problème récurrent dans votre héritage familial. Votre nouveau Père dans les Cieux va vous libérer de chacune de ces malédictions.

Il arrive souvent que des gens « prophétisent » sur nous de façon négative. Des parents disent à leurs enfants : « Tu es comme ton père; tu as le même fichu caractère. » Ou : « Tu n'arriveras jamais à rien. » Nous pouvons briser ces « prophéties » négatives au nom de Jésus-Christ. Elle font partie de la malédiction. Dieu vous aime. Il prend soin de vous. C'est pourquoi il est allé jusqu'à la croix, afin que toutes vos insécurités et vos craintes et toutes ces malédictions des générations passées puissent être brisées (voir chapitre 4, jour 6).

Dieu veut vous donner, à vous comme à moi, des dons excellents. Jacques 1:17 nous dit : *Tout don excellent et tout cadeau parfait viennent d'en-haut, du Père des lumières, chez lequel il n'y a ni changement, ni ombre de variation.*

REFLEXION
Le diable vous a-t-il menti au sujet d'un domaine de votre vie dans lequel vous ne semblez pas avoir la victoire ? Que pouvez-vous faire à ce sujet ?

Jour 4
Nous devons faire valoir nos droits

Nous savons que Jésus est venu pour nous libérer de toute malédiction que l'ennemi veut placer dans nos vies. Romains 5:15, 19 nous rappelle qu'Adam a apporté le péché et la mort, mais que Christ a apporté la grâce et la vie. *Car, si par la faute d'un seul (Adam), beaucoup sont morts, à plus forte raison la grâce de Dieu et le don qui vient de la grâce d'un seul homme, Jésus-Christ, ont-ils été abondamment répandus sur beaucoup. En effet, comme par la désobéissance d'un seul homme (Adam), beaucoup ont été rendus* pécheurs, de même par l'obéissance d'un seul (Jésus), beaucoup seront rendus justes.

Christ a repris ce que Satan a tenté de nous voler. Nous devons reprendre les domaines de nos vies que le diable, notre ennemi, nous a volés.

Les enfants d'Israël se sont rendus en Canaan, le nouveau pays que Dieu leur avait promis. Ce nouveau pays était légalement le leur. Dieu leur avait clairement dit : « Je vous le donne. » Cependant, ils devaient y entrer et le conquérir, un pas après l'autre. Ils devaient y marcher et le prendre. Josué 1:3 nous dit : *Tout lieu que foulera la plante de votre pied, je vous le donne, comme je l'ai dit à Moïse.*

En d'autres termes, Dieu dit à Josué : « Josué, le pays est à toi, mais tu dois y entrer et t'en saisir. Tu dois le reprendre à tes ennemis. » Si le diable a volé votre paix, votre joie, votre santé ou votre espérance, c'est le moment de vous lever et de reprendre ces domaines à votre ennemi !

Les enfants d'Israël se sont rendus dans la ville de Jéricho, ils ont marché autour de ses murailles à sept reprises, ils ont crié et les murailles se sont écroulées. Même si le pays leur appartenait de droit, ils ont du y entrer physiquement et faire valoir leurs droits. Vous direz peut-être : « Tu sais, je suis chrétien. Cela ne se passe-t-il pas automatiquement ? » Légalement, oui, c'est à vous. Mais pratiquement, afin de pouvoir l'expérimenter, vous devez entrer et faire valoir vos droits en reprenant des mains de votre ennemi les domaines spécifiques qu'il vous a volés.

REFLEXION
Que promet le Seigneur à ceux qui veulent reprendre ce que Satan leur a volé (Josué 1:3) ?

Jour 5
Nous appliquons la parole de Dieu à nos vies

Les chrétiens ont été délivrés de la puissance des ténèbres et sont maintenant dans le royaume de Christ (Colossiens 1:13). C'est la foi qui déverrouille la porte. C'est la foi qui fait la différence dans nos vies. Josué était un homme de foi. C'est pourquoi il a fait le tour de la ville de Jéricho pendant sept jours. En tant qu'homme de foi, il a obéi à la parole de Dieu et réclamé l'héritage que le Seigneur lui a promis. Lorsque nous croyons ce que Dieu dit dans sa Parole, nous sommes libérés de la dépression, de l'infériorité, des insécurités, de la craintes des maladies mentales et de la maladie. C'et la foi qui déverrouille la porte. Romains 5:17 nous le dit clairement : *Si par la faute d'un seul, la mort a régné par lui seul, à bien plus forte raison ceux qui reçoivent l'abondance de la grâce et du don de la justice régneront-ils dans la vie par le seul Jésus-Christ.*

Dieu nous appelle à régner dans la vie, à vivre une vie victorieuse en Christ. Si je vous donne un chèque pour un cadeau de mille euros, ce chèque ne vous sert à rien jusqu'à ce que vous l'encaissiez. Il en va de même pour la parole de Dieu. Pour pouvoir marcher victorieusement dans nos vies spirituelles, nous devons chercher, apprendre et croître dans la connaissance de Dieu par le moyen de sa Parole. Nous ne pouvons pas grandir sans la parole de Dieu et nous ne pouvons pas changer sans elle. La parole de Dieu nous motive à l'obéissance et à la communion avec Lui. Nous devons saisir la parole de Dieu et commencer à l'appliquer dans chaque domaine de nos vies afin de pouvoir expérimenter la plénitude que Dieu nous a promise. Ce faisant, nous reprenons possession de ce que le diable a tenté de nous voler. La parole de Dieu est une arme indispensable dans le combat chrétien contre le diable. *Prenez... l'épée de l'Esprit, qui est la parole de Dieu (Ephésiens 6:17).*

Dans Ephésiens 6, nous voyons qu'il y a d'autres parties de l'armure chrétienne – la ceinture, la cuirasse, les chaussures, le bouclier et le casque – qui sont toutes prévues pour nous défendre. La parole de Dieu est la seule arme offensive. Nous devons connaître la parole de Dieu et l'appliquer à notre vie afin de pouvoir attaquer les puissances des ténèbres dans nos vies et les faire fuir.

Cela ne se passera pas forcément d'un jour à l'autre. Dieu est un Dieu de miracles et il peut agir surnaturellement pour transformer ou guérir un problème dans nos vies. Mais souvent, il nous change par un processus graduel de croissance et de transformation. Cela demande davantage de foi et de caractère pour persévérer au sein des problèmes, et Dieu veut nous apprendre à utiliser sa Parole pour avoir la victoire.

Pour vaincre les schémas récurrents qui dominent nos vies ou toute autre épreuve ou tentation à laquelle nous sommes confrontés, nous devons être honnêtes avec Dieu et confesser notre faiblesse et notre dépendance de Lui. Alors que nous confessons la vérité de la parole de Dieu, la foi grandit dans nos cœurs (Romains 10:17). Et alors que la foi grandit, nous commençons à expérimenter la plénitude du Seigneur.

Par exemple, si nous luttons contre la dépression, nous pourrions prier : *Père, au nom de Jésus, cette dépression et cet abattement n'a plus de prise sur moi. Je suis libre par le sang de Jésus et par la puissance du Saint-Esprit. Mon âme, sois encouragée au nom de Jésus !*

REFLEXION
A quelle arme offensive la parole de Dieu est-elle liée (Ephésiens 6:17) ? Comment pouvons-nous attaquer les puissances des ténèbres et les faire fuir (Romains 10:17) ?

Jour 6
Nous gardons nos langues

Nous devons être attentifs à la manière dont nous parlons. Matthieu 12:34 dit : *C'est de l'abondance du cœur que la bouche parle.* En d'autres termes, nous croyons avec le cœur, et ce que nous disons représente souvent ce que nous croyons vraiment. La Bible nous rappelle aussi que nous serons jugés en fonction de nos paroles. *Je vous le dis : au jour du jugement, les hommes rendront compte de toute parole vaine, qu'ils auront proférée. Car par tes paroles tu seras justifié, et par tes paroles tu seras condamné (Matthieu 12:36-37).* La vie et la mort sont au pouvoir de la langue.

Par nos paroles, nous prononçons soit une bénédiction soit une malédiction. Si nous disons sans cesse : « Je pense que je vais tomber malade, » nous pouvons commencer à prononcer une malédiction de maladie sur notre vie. Au lieu de cela, nous devrions dire : « Je sens que je tombe malade, mais je sais que Dieu désire que je sois une personne en bonne santé et je peux recevoir sa guérison. » En proclamant des paroles de foi, nous prononçons une bénédiction sur notre vie.

Parfois les gens disent : « Ma mère a eu une fausse couche, peut-être vais-je aussi en avoir une. » En croyant ces paroles, nous pouvons ouvrir une porte à l'ennemi pour accomplir ce que nous prononçons sur notre vie. L'ennemi va tenter d'utiliser ces paroles pour placer la crainte dans notre vie, et la chose que nous craignons peut nous arriver. Job 3:25 nous dit : *Ce qui me fait peur, c'est ce qui m'arrive : Ce que je redoute, c'est ce qui m'atteint.* La crainte est détruite alors que nous proclamons la parole de Dieu sur notre vie et sur celles de ceux qui nous entourent. Dieu nous rappelle dans 2 Timothée 1:7 que *ce n'est pas un esprit de timidité que Dieu nous a donné, mais un esprit de force, d'amour et de sagesse.*

Vous demanderez peut-être : « En quoi ce que nous disons est important, tant que notre attitude de cœur est bonne ? » Imaginez que vous entriez dans une banque avec un pistolet à eau et que vous disiez : « Je prendrai dix mille euros, s'il vous plaît. » Le caissier, en voyant le pistolet, va actionner l'alarme. La police va arriver et vous arrêter. « C'était une plaisanterie, » direz-vous. « Ce n'est qu'un pistolet à eau. C'était un gag, je n'avais pas l'intention de voler quoi que ce soit. » Peut-être n'en aviez-vous pas l'intention, mais vous finirez quand même en prison à cause des paroles que vous avez dites et des actions que vous avez faites ! Le même principe s'applique dans le domaine spirituel. Le diable est un légaliste. Il va utiliser nos paroles contre nous. Nous devons être attentifs à dire les choses que Dieu dit dans sa Parole. Nous devons prononcer des paroles qui transmettent la vie et qui stimule l'espérance dans la vie des gens.

REFLEXION
Comment les paroles que vous dites peuvent-elles vous condamner ? Donnez des exemples tirés de votre propre vie.

Jour 7
Nous libérons notre héritage

Notre Dieu nous promet plénitude, santé et victoire dans chaque domaine de notre vie. *Et si vous êtes à Christ, alors vous êtes la descendance d'Abraham, héritiers selon la promesse (Galates 3:29).*

L'Esprit lui-même rend témoignage à notre esprit que nous sommes enfants de Dieu. (Romains 8:16).

Nous sommes enfants de Dieu par la foi en Jésus-Christ ! Dieu nous parle par le Saint-Esprit et nous affirme que nous sommes héritiers de Ses promesses. Il est le Dieu qui a dit qu'Il bénirait Abraham et, par la foi, vous et moi sommes également enfants d'Abraham.

Vous demanderez peut-être : « Si je suis vraiment héritier de Dieu, pourquoi donc suis-je encore confronté à la dépression ? » Nous devons nous souvenir que la nouvelle alliance est le nouveau testament que notre Père céleste nous a légué. Si votre oncle meurt, et qu'il vous lègue son héritage, vous devez signer les bons documents pour libérer l'héritage avant que vous ne puissiez en jouir. De même, spirituellement, nous devons recevoir notre héritage de Dieu afin de pouvoir être rendus libres.

Nous sommes libérés de la malédiction lorsque nous réalisons ce que la parole de Dieu, le testament du Seigneur et notre héritage nous disent et que nous agissons en fonction. Par exemple, si vous vous sentez faible aujourd'hui, proclamez la force du Seigneur promise dans sa Parole. La Bible dit : *Je puis tout par Celui qui me fortifie (Philippiens 4:13).* Confessez cette promesse et recevez sa force aujourd'hui !

Un jour, alors que je conduisais sur la route dans ma voiture, un esprit de crainte m'a tout à coup enveloppé. Je me suis retrouvé paralysé par la peur. J'ai immédiatement pris conscience de ce qui se passait. L'ennemi tentait de me pousser à vivre par mon ressenti de crainte plutôt que de faire les choses que je savais que Dieu me demandait de faire. J'ai proclamé avec force : « Au nom de Jésus, je renonce à cet esprit de crainte et je lui ordonne de partir. » Et devenez ce qui s'est passé ? Il est parti ! Quand nous résistons au diable, il doit fuir loin de nous ! (Jacques 4:7).

Il y a quelques années, je me trouvais en Europe et j'ai eu une expérience similaire avec un esprit de crainte. A nouveau, cet esprit a du partir quand il a été confronté au nom de Jésus. Jésus-Christ est devenu malédiction pour nous. Nous n'avons pas besoin de nous soumettre à un esprit de crainte, ni d'ailleurs à quelque affliction que l'ennemi tente de placer sur nous. Jésus-Christ est venu pour nous rendre libres !

REFLEXION
Lorsque nous prenons conscience de notre héritage, comment pouvons-nous le libérer ? Proclamez Philippiens 4:13 sur votre vie à haute voix.

CHAPITRE 3

Recevoir la liberté au nom de Jésus

VERSET CLÉ À MÉMORISER

Confessez donc vos péchés les uns aux autres, et priez les uns pour les autres, afin que vous soyez guéris. La prière agissante du juste a une grande efficacité.

Jacques 5:16

Jour 1
Spirituellement libre !

Dans ces deux prochains chapitres, nous allons nous pencher sur sept dimensions de liberté que nous pouvons expérimenter en tant que croyants en Jésus-Christ. Tout d'abord, nous allons aborder la *liberté spirituelle*. 1 Jean 1:9 dit : *Si nous confessons nos péchés, il est fidèle et juste pour nous les pardonner et pour nous purifier de toute iniquité.*

Après que nous ayons donné nos vies à Jésus, le diable peut tenter de nous paralyser en nous disant que nous ne sommes pas réellement sauvés. C'est un menteur ! La Bible nous dit dans Romains 8:1-2 : *Il n'y a donc maintenant aucune condamnation pour ceux qui sont en Christ-Jésus, qui marchent non selon la chair mais selon l'Esprit. En effet, la loi de l'Esprit de vie en Christ-Jésus m'a libéré de la loi du péché et de la mort.* Il n'y a pas de condamnation pour ceux qui sont en Christ. Et souvenez-vous, il y a une grande différence entre la conviction de Dieu et la condamnation du Saint-Esprit. La conviction de Dieu amène toujours l'espérance. Mais la condamnation du diable apporte le désespoir.

La Bible nous rappelle que *Dieu n'est pas un Dieu de désordre, mais de paix... (1 Corinthiens 14:33).* Si votre cœur est tourné vers le Seigneur et que vous expérimentez encore un doute et une confusion spirituelle dans votre vie, cela ne vient pas de Dieu. Le diable est l'auteur de la confusion et de la condamnation. Jésus a payé le prix pour que cette malédiction soit brisée. J'ai du faire face à des périodes d'intense culpabilité après avoir donné ma vie à Jésus. Un jour, j'en ai eu assez. J'ai ouvert ma Bible à 1 Jean 1:9 et déclaré face à l'ennemi : « Je crois en la parole de Dieu, non à ce que je ressens dans mes émotions. » Savez-vous ce qui s'est passé ? J'ai été libéré. J'ai réalisé plus tard que l'ennemi avait placé une malédiction sur moi. Cette malédiction de fausse culpabilité essayait de me pousser dans la dépression, la confusion et la frustration, mais elle a été brisée ce soir-là au nom de Jésus.

Je me souviens de l'histoire d'un fermier qui luttait contre un sentiment de fausse culpabilité et de confusion dans sa vie. Il n'était pas certain d'être sauvé. Finalement, il alla derrière l'étable, prit un grand pieux et l'enfonça dans le sol. Il confessa : « Jésus, tu es le Seigneur de ma vie. » Il a cru dans son cœur que Jésus était ressuscité des morts (Romains 10:9). Puis il a fait cette déclaration courageuse. « C'est ici et maintenant que ça se passe, devant ce pieux. Je donne ma vie complète à Jésus. La prochaine fois que le diable essaiera de me mentir, je vais revenir vers ce pieux comme preuve. A partir de ce moment, je sais que je sais que je suis sauvé ! » Comment pouvait-il le savoir ? Parce qu'il savait que la malédiction de la fausse culpabilité et de la confusion a été brisée par l'œuvre de Jésus-Christ. Il a fait le choix de croire la vérité, la parole de Dieu. Sa vie a été différente à partir de ce jour.

REFLEXION
Comment vous débarrasser de sentiments de culpabilité et de condamnation (Romains 8:1-2) ? Quelle est la différence entre conviction et condamnation ?

Jour 2
Libre de la maladie

Une deuxième dimension de liberté est liée à la maladie. La guérison physique est parfois controversée dans le corps de Christ. Voyons ce que la Bible en dit. Matthieu 8:16-17 nous rappelle que *le soir venu, on lui amena plusieurs démoniaques. Il chassa les esprits par sa parole et guérit tous les malades. Ainsi s'accomplit la parole du prophète Ésaïe : « Il a pris nos infirmités et il s'est chargé de nos maladies. »*

D'après la nouvelle alliance, le Nouveau Testament, c'est la volonté de Dieu que vous et moi soyons guéris et en bonne santé. Quand Jésus-Christ est allé sur la croix il y a deux mille ans, il a pourvu au pardon pour les péchés, à la vie éternelle et à la résurrection pour la mort et à la guérison pour la maladie ! La libération de la malédiction comprend également la dimension de la guérison physique.

Jésus a guéri des gens qui venaient à Lui pour leur guérison. Matthieu, au chapitre 8, nous montre que lorsque les gens venaient à Lui, Il les guérissait. Il accomplissait la prophétie de l'Ancien Testament dans le livre d'Esaïe 53:4-5 disant : *Certes, ce sont nos souffrances qu'Il a portées... et par ses meurtrissures nous sommes guéris. 1 Pierre 2:24 dit de même : Lui qui a porté nos péchés en son corps sur le bois, afin que, morts à nos péchés, nous vivions pour la justice ; lui dont la meurtrissure vous a guéris.*

Alors que Jésus enseignait dans une synagogue un jour de sabbath, Il appela une femme rendue infirme par un esprit depuis dix-huit ans. C'était le résultat direct d'une activité démoniaque. Remarquons en passant que bien que Jésus ait guéri de nombreuses maladies, toutes n'étaient pas attribuées à une cause démoniaque. Cependant, cette fois-ci, c'était le cas. Jésus a posé ses mains sur elle et elle a été immédiatement guérie, se mettant à glorifier Dieu (Luc 13:13). Le chef de la synagogue était indigné. Il n'avait pas l'habitude de ce genre de choses pendant ses réunions. Parfois, les gens religieux ont de la peine à croire que nous puissions être libérés de la malédiction de la maladie. Néanmoins, nul ne pouvait le nier, Jésus-Christ avait libéré cette femme. La même chose peut se produire aujourd'hui. La Bible nous dit que Jésus-Christ est le même, hier, aujourd'hui et éternellement (Hébreux 13:8).

Chaque maladie, chaque type de cancer, chaque cas d'insuffisance cardiaque, chaque migraine ont été suspendus sur la croix par Jésus-Christ. Nous devons prendre la parole de Dieu au sérieux et placer notre foi en Elle au lieu de la placer dans les symptômes que nous voyons dans notre corps. Nous devons chercher la présence de Jésus dans nos vies et saturer nos vies de la parole de Dieu. Nous devons nous attendre aux miracles (Matthieu 7:18 ; 19:26).

J'ai mentionné précédemment dans ce livre que j'ai eu un souffle au cœur dans ma jeunesse. Mais quelques temps après avoir donné ma vie à Jésus-Christ, mon médecin a découvert que j'avais été complètement guéri. Par la grâce de Dieu, je suis complètement libre de tout souffle au cœur aujourd'hui. Jésus-Christ est notre Médecin, car il est le même hier, aujourd'hui et éternellement.

REFLEXION

Mettez votre nom à la place des mots « nos » et « nous » dans 1 Pierre 2:24. Croyez-vous que Dieu veut que vous soyez libre de toute maladie ?

Jour 3

Obstacles à la guérison

Les gens disent parfois : « Je sais que Jésus guérit spirituellement, mais je ne suis pas sûr qu'Il veuille me guérir physiquement. » En vérité, Dieu veut nous bénir dans ces deux dimensions.

Il y a quelques temps, un ami propriétaire d'un restaurant a décidé d'offrir un repas à notre famille. Il nous a expliqué que nous pouvions choisir ce que nous voulions sur le menu et que ce serait gratuit. J'avais un choix à faire. Je ne méritais pas ce repas gratuit, et pourtant je n'avais pas à payer pour l'obtenir. En parcourant la liste de ces plats somptueux, j'aurais pu penser : « Je ne veux pas prendre un plat trop cher. Je ne veux pas profiter de mon ami. » Mon ami aurait été déçu si j'avais répondu de cette manière, et cela aurait été l'orgueil qui m'aurait empêché de recevoir une bénédiction. Je crois que le Seigneur nous répond de la même façon. Le Fils unique de Dieu, Jésus-Christ, est allé sur la croix afin que vous et moi puissions « profiter » du don précieux de plénitude qu'il nous a offert. La facture totale a déjà été payée !

Jésus-Christ est venu pour nous rendre libres de toute malédiction, y compris la malédiction de la maladie et de toutes sortes d'infirmités physiques dans nos corps. J'ai un ami qui a été miraculeusement guéri de rhumatisme articulaire aigu. Ses parents ont décidé de faire confiance à la parole de Dieu pour la guérison de leur fils et, même s'il était très malade, ils ont choisi de croire la parole de Dieu plutôt que les symptômes qu'ils voyaient. Et il a été guéri ! La Bible dit : *Mon âme, bénis l'Éternel, et n'oublie aucun de ses bienfaits ! C'est lui qui pardonne toutes tes fautes, qui guérit toutes tes maladies (Psaume 103:2-3).*

Dieu veut guérir toutes nos maladies, mais il y a parfois des obstacles qui nous empêchent de recevoir la guérison divine, comme des péchés non-confessés (Jacques 5:16), des liens ou des oppressions démoniaques (Luc 13:11-13), de la crainte ou de l'anxiété aiguë (Proverbes 3:5-8 ; Philippiens 4:6-7), des déceptions passées qui sapent la foi actuelle (Marc 5:26 ; Jean 5:5-7), des enseignements non-bibliques (Marc 3:1-5 ; 7:13), des leaders qui ne prient pas la prière de foi (Marc 11:22-24 ; Jacques 5:14-16), l'église qui ne cherche pas et n'obtient pas les dons de miracles et de guérisons prévus par Dieu (Actes 4:29-30 ; 6:8 ; 8:5-6 ; 1 Corinthiens

12:9-10, 29-31 ; Hébreux 2:3-4), l'incrédulité (Marc 6:3-6 ; 9:19, 23-24), ou un comportement égocentrique (1 Corinthiens 11:29-30). A d'autres occasions, la raison pour laquelle une afflcition physique persiste dans la vie de gens pieux n'est pas si évidente (Galates 4:13 ; 1 Timothée 5:23 ; 2 Timothée 4:20). Dans d'autres situations encore, Dieu choisit de reprendre ses saints bien-aimés pendant une maladie (2 Rois 13:14).

Si nos prières pour la guérison ne sont pas exaucées, nous ne pouvons pas baisser les bras. Nous devrions nous réjouir si la guérison est immédiate et nous réjouir si elle ne vient pas (Philippiens 4:4). Dieu promet de ne jamais nous abandonner ni de nous oublier. Parfois, les desseins de Dieu pour nous visent un bien supérieur que nous ne pouvons pas saisir sur le moment.

Si nous croyons que le Seigneur veut que nous allions chez le médecin, alors allons-y. Mais visitons d'abord notre grand Médecin ! Le pouvoir de la science médicale est limité, mais le pouvoir de Dieu et de sa Parole est illimité ! En fin de compte, c'est toujours Jésus, notre grand Médecin, qui guérit, quel que soit le moyen.

Nous apprenons à vivre les promesses de la parole de Dieu dans nos vies chrétiennes. Nous apprenons à appliquer les promesses de l'héritage du Seigneur dans nos vies. Nous devons donc choisir de vivre par ce que Dieu déclare dans sa Parole même si nous ne voyons pas le résultat escompté. Parfois Dieu teste nos cœurs pour voir si nous le craignons réellement. Il a testé Abraham en lui demandant de sacrifier son fils Isaac. Job a lui aussi été testé, mais il a fini par prospérer (Job 42:10). Dieu veut nous rendre libres, mais Il veut aussi savoir que nous l'aimons plus que n'importe quelle bénédiction liée à son alliance.

Dieu amène son Eglise dans une position où nous marcherons ensemble dans la plénitude et la victoire, alors que nous continuons de grandir en appliquant la parole de Dieu dans nos vies. Il y a des moments où nous devons faire des choses spécifiques, comme appeler les anciens de notre église pour qu'ils prient pour nous et nous oignent d'huile. *Quelqu'un parmi vous est-il malade ? Qu'il appelle les anciens de l'Église, et que ceux-ci prient pour lui, en l'oignant d'huile au nom du Seigneur ; la prière de la foi sauvera le malade, et le Seigneur le relèvera... (Jacques 5:14-15).* La Bible nous dit que si nous obéissons à ce commandement, le Seigneur va nous « relever », nous guérir et nous rétablir complètement par leur prière de foi.

REFLEXION

En tant qu'héritier de toutes les promesses de la Bible, pourquoi ne prendriez-vous pas tout ce que vous pouvez avoir ? Que devriez-vous faire si vos prières pour la guérison ne sont pas exaucées (Philippiens 4:4) ?

Jour 4
Libre des souvenirs douloureux

De nombreux chrétiens aspirent à une relation plus profonde et plus intime avec le Seigneur. Mais ils continuent à lutter contre les mêmes craintes et les mêmes souvenirs douloureux du passé ; ils n'arrivent pas à s'en libérer. Handicapés émotionnellement, ils ont besoin d'être libérés de la malédiction des souvenirs douloureux et des blessures dans leur vie. Ce n'est pas la volonté de Dieu que les cœurs des gens soient brisés. Il veut nous guérir émotionnellement selon Luc 4:18-19 : *« L'Esprit du Seigneur est sur moi. Oui, il m'a choisi pour apporter la Bonne Nouvelle aux pauvres. Il m'a envoyé pour annoncer aux prisonniers : Vous êtes libres ! et aux aveugles : Vous verrez clair de nouveau ! Il m'a envoyé pour libérer ceux qui ne peuvent pas se défendre, pour annoncer : C'est l'année où vous verrez la bonté du Seigneur ! »*

Un jeune homme et sa fiancée sont venus me trouver pour que je les prépare au mariage. Le jeune homme avait vécu de nombreuses blessures dans sa vie. Par exemple, son père n'arrêtait pas de le blâmer pour ses propres problèmes de couple, parce que son fils avait été conçu hors mariage. Le jeune homme souffrait et avait besoin de guérison. Je lui ai demandé s'il était prêt à pardonner son père. C'était le cas. Nous lui avons imposé les mains et avons prié pour lui pour qu'il soit guéri des souvenirs douloureux liés à son passé.

Ce jeune homme a vécu un magnifique mariage quelques mois plus tard. Son père est venu à la cérémonie, et il n'y avait plus de mur entre eux. Dieu l'avait guéri. La souffrance était partie. Dieu l'avait guéri surnaturellement car Jésus-Christ a pris cette souffrance à la croix il y a deux mille ans. Jésus-Christ est devenu malédiction pour ce jeune homme.

Parfois, l'expression « guérison intérieure » est utilisée pour expliquer la guérison des émotions. Recevoir une guérison intérieure, c'est être guéri de souvenirs remplis de mensonges et voir nos cœurs brisés restaurés. Parfois, notre souffrance émotionnelle actuelle vient des mauvaises interprétations (mensonges) incrustés dans nos souvenirs, et non des souvenirs eux-mêmes. Par exemple, une victime d'inceste ressent de la honte non parce qu'elle a été molestée, mais parce qu'elle peut croire que c'était de sa faute (mensonge). Lorsque le mensonge est exposé, elle peut recevoir la libération !

La guérison intérieure, ou la guérison des souvenirs, est un ministère très important dans le corps de Christ aujourd'hui. Si nous croyons que quelqu'un nous a blessé et continuons de ressasser ces blessures et les souvenirs de ce qui s'est passé, nous avons besoin de guérison dans nos émotions. Nous pouvons être restaurés ! Jésus veut nous guérir et nous libérer en Son nom !

La guérison des souvenirs n'implique pas que nous ne nous souvenions plus de ce qui s'est passé. Nous pouvons nous rappeler les faits, mais la souffrance liée à ces faits a été guérie par Jésus qui nous révèle la vérité. Nous pouvons regarder en arrière et rendre gloire à Dieu pour sa guérison dans nos vies et Sa grâce et Sa force pour aller de l'avant.

REFLEXION

Avez-vous des souvenirs douloureux de blessures passées ? A votre avis, pourquoi n'arrivez-vous pas à vous en libérer ?

Jour 5
Pardonne, pardonne, pardonne

Nous trouvons un principe spirituel important pour recevoir la guérison et la libération dans Matthieu 6:14-15 : *Si vous pardonnez aux hommes leurs fautes, votre Père céleste vous pardonnera aussi, mais si vous ne pardonnez pas aux hommes, votre Père ne vous pardonnera pas non plus vos fautes.*

C'est important ! Nous devons pardonner ceux qui nous ont blessé pour que Dieu puisse nous guérir. Dans Matthieu 18, Jésus raconte une parabole au sujet d'un serviteur devant à son roi un million d'euros. Il supplie le roi de lui accorder plus de temps pour rembourser sa dette, et le roi se laisse toucher et décide d'annuler complètement la dette. Le serviteur quitte le palais et rencontre un autre serviteur qui lui doit deux mille euros. Il le saisit par la chemise et exige un remboursement immédiat. L'autre serviteur plaide pour avoir plus de temps, mais le premier serviteur refuse et le fait jeter en prison. Le roi découvre ce qui s'est passé et appelle le serviteur. « J'ai annulé ta dette d'un million d'euros et tu ne peux pas pardonner quelqu'un qui te doit deux mille euros ? Je t'ai démontré de la miséricorde, mais tu ne peux pas en faire autant pour quelqu'un d'autre ? » La parabole se conclut par une déclaration intéressante : *Et son maître irrité le livra aux bourreaux jusqu'à ce qu'il ait payé tout ce qu'il devait. C'est ainsi que mon Père céleste vous traitera si chacun de vous ne pardonne à son frère de tout son cœur (Matthieu 18:34-35).*

Le roi fait jeter cet homme en prison pour n'avoir pas su pardonner quelqu'un d'autre. Jésus dit que si nous ne pardonnons pas celui qui nous a blessé, Dieu va nous livrer aux bourreaux ou aux démons de l'enfer. Même des chrétiens peuvent parfois être tourmentés par la confusion, la frustration, la dépression... apportées par les démons de l'enfer s'ils choisissent de ne pas pardonner. Le non-pardon laisse la porte grande ouverte pour l'ennemi !

Pardonner ceux qui nous ont blessé est le premier pas pour être libéré. Nous n'en aurons peut-être pas envie, mais parce que Dieu nous a pardonné, nous devons pardonner les autres au nom de Jésus. Dieu apportera la guérison émotionnelle dans nos vies si nous obéissons à Sa Parole et pardonnons par la foi dans nos cœurs.

REFLEXION

Vous sentez-vous meilleur que d'autres personnes que vous connaissez ? Pire ? Que se passe-t-il lorsque nous nous comparons aux autres ?

Jour 6

Et pardonne encore !

En plus de « pardonner la personne qui nous a blessé », nous devons aussi « demander à Dieu de pardonner cette personne ». Demander à Dieu de lui pardonner constitue une seconde étape de pardon cruciale que nous devons faire afin de pouvoir être libre.

Etienne, lorsqu'il était lapidé, a prié : « Père, pardonne-leur. » Jésus, sur la croix, a dit : « Père, pardonne-leur car ils ne savent pas ce qu'ils font. »

Une troisième étape consiste à « demander à Dieu de nous pardonner toute mauvaise attitude ou tentative de cacher notre péché. » Proverbes 28:13 dit : *Celui qui dissimule ses fautes ne réussit pas. Mais celui qui les confesse et les délaisse trouve de la compassion.* Le mot 'réussit' signifie qui sort de ses liens. Si nous cachons notre péché et ne sommes pas honnêtes à ce sujet, nous ne pouvons pas sortir des liens dans nos vies. Si nous ne demandons pas à Dieu de nous guérir de nos mauvaises attitudes, nous ne pouvons pas réussir dans ce domaine de notre vie.

La quatrième étape consiste à « confesser nos fautes à quelqu'un » et à lui demander de prier pour nous afin que Dieu nous guérisse. L'Ecriture nous dit dans Jacques 5:16 : *Confessez donc vos péchés les uns aux autres, et priez les uns pour les autres, afin que vous soyez guéris. La prière agissante du juste a une grande efficacité.*

Demandez à quelqu'un de vous imposer les mains et de prier pour votre guérison émotionnelle. C'est pourquoi il est si important d'être connecté avec le reste du Corps de Christ dans une église locale. Alors que vous vous réunissez avec d'autres croyants, demandez au Seigneur de vous montrer quelqu'un à qui vous pourriez faire confiance en lui demandant de prier pour vous. Le Seigneur veut vous guérir et vous rendre libre de la malédiction au nom de Jésus.

Corrie ten Boom, qui a vécu dans un camp de concentration nazi et dont la vie a inspiré le film « Dieu en enfer » a souvent parlé de la théorie du ding-dong. Une cloche d'église sonne ding-dong, ding-dong, dong-dong lorsque quelqu'un tire la longue corde attachée à la cloche. Le ding-dong commence très fort, puis devient de plus en plus faible jusqu'à ce qu'il s'arrête. Corrie expliquait que lorsque vous demandez au Seigneur de vous guérir, le diable peut tenter de faire remonter certaines de ces vieilles émotions de douleur et de souffrance dans votre vie. C'est le moment de lui dire clairement : « Au nom de Jésus, je sais qu'Il a porté ma souffrance à la croix. » En déclarant la vérité, les émotions de souffrance vont se dissiper alors que vous vous concentrez sur Jésus qui vous guérit au lieu de la souffrance. Tout comme le son d'une grosse cloche d'église commence fort puis s'affaiblit, les souvenirs de souffrance vont s'amoindrir alors que vous déclarez la vérité que Jésus vous a guéri. En très peu de temps, vous vous retrouverez dans une position où l'ennemi ne peut même plus vous tenter dans ce domaine. Vous serez complètement et totalement guéri.

REFLEXION
Après la première étape consistant à pardonner ceux qui vous ont blessé, notez les étapes suivantes pour recevoir la guérison telles que mentionnées ci-dessus.

Jour 7
Libre d'avoir un esprit sain

Nous vivons dans une époque de grand stress. Beaucoup d'entre nous sommes confrontés à une angoisse mentale. Jésus est venu pour nous libérer de cette malédiction sur nos esprits, qui a sa racine dans une crainte malsaine. L'Ecriture nous dit dans 2 Timothée 1:7 : *Car ce n'est pas un esprit de crainte que Dieu nous a donné, mais de force, d'amour et de sagesse.*

Le dessein de Dieu pour votre vie est que vous soyez sains d'esprit (ce qui est traduit en français par 'sagesse'). Peut-être vos ancêtres ont-ils souffert de problèmes mentaux. Dieu dit que vous pouvez être libres de cette malédiction au nom de Jésus. Pendant mon enfance, je me rappelle très bien avoir rencontré divers membres de ma famille élargie ayant une histoire de maladie mentale. Je craignais d'avoir à passer des périodes de ma vie dans un établissement psychiâtrique comme certains membres de ma famille. Un jour, j'ai réalisé que je n'avais pas à craindre la maladie mentale parce que Jésus-Christ est devenu malédiction pour moi. Par la grâce de Dieu, j'ai été libéré de la malédiction au nom de Jésus.

La volonté du Seigneur pour chacun de nous est que nous ayons l'esprit paisible. Esaïe 26:3 dit : *A celui qui est ferme dans ses dispositions, tu assures la paix, la paix, parce qu'il se confie en toi.*

Depuis que j'ai été libéré de la malédiction au nom de Jésus, le Seigneur m'a délivré de la crainte des maladies mentales. Nous servons un Dieu bon ! Nous pouvons avoir confiance en Lui ! Il nous a promis une paix parfaite alors que nous continuons à nous concentrer sur notre Père céleste, l'auteur de toute paix (1 Corinthiens 14:33).

Vous et moi sommes dans une toute nouvelle famille, la famille de Dieu, par la foi en Jésus-Christ. Nous avons une toute nouvelle maison, la maison de Dieu. Notre nouveau Père dans les Cieux ne souffre d'aucun problème mental.

Nous devons briser toute malédiction sur nos vies au nom de Jésus. Par la grâce de Dieu, j'ai brisé toute maédiction sur ma vie au nom de Jésus. Je suis un homme libre ! Aujourd'hui, c'est le jour de votre liberté. Aujourd'hui, c'est le jour pour que toute malédiction posée sur votre vie soit complètement brisée au nom de Jésus.

REFLEXION
Si vous êtes craintif, stressé et constamment inquiet, 2 Timothée 1:7 donne la solution. Quelle est-elle ?

CHAPITRE 4

Vous pouvez être complètement libre

VERSET CLÉ À MÉMORISER

Ils l'ont vaincu à cause du sang de l'Agneau

Apocalypse 12:11

Jour 1

Liberté financière

Pour résumer la section précédente, nous avons appris que nous sommes rachetés de la malédiction dans tous les domaines de notre vie. La malédiction est toujours dans le monde, mais elle n'a plus de droit sur nous en tant que chrétiens. Nous sommes rachetés de la malédiction ! La malédiction sur notre vie spirituelle, physique, émotionnelle et mentale est ôtée par le sang de Jésus.

La liberté financière représente un cinquième domaine de liberté que nous pouvons expérimenter. 2 Corinthiens 8:9 dit : *Car vous connaissez la grâce de notre Seigneur Jésus-Christ qui pour vous s'est fait pauvre de riche qu'il était, afin que par sa pauvreté vous soyez enrichis.* Dieu veut que nous prospérions dans tous les domaines, y compris financièrement, afin que nous puissions donner pour que la bonne nouvelle de Jésus soit apportée dans le monde entier. Certaines personnes pensent qu'il est saint d'être pauvre. Mais ils ne comprennent pas que la pauvreté fait partie de la malédiction. Si la pauvreté était sainte, nous ne devrions jamais donner d'argent aux pauvres. Nous les empêcherions de vivre dans cet état de sainteté !

Si vous luttez financièrement aujourd'hui, j'ai une bonne nouvelle pour vous. Vous n'avez pas besoin d'être pauvre. Dieu veut que vous prospériez. Dieu veut vous bénir et vous donner de l'espérance. Certaines personnes pensent que l'argent est la racine de tous les maux. Ce n'est pas exactement ce que l'Ecriture nous dit dans 1 Timothée 6:10. Il est dit que l'amour de l'argent est la racine de tous les maux. Si nous aimons l'argent plus que Dieu, c'est de l'idolâtrie et cela nous détourne de Dieu.

Il est sage de nous rappeler que la prospérité et les choses matérielles ne peuvent jamais nous rendre heureux. Seul Jésus peut nous donner la plénitude et la vie en abondance. En même temps, le Seigneur désire nous bénir. Dieu veut que nous prospérions afin que nous puissions donner à nos familles, à l'église, aux pauvres et donner afin de voir son Royaume bâti dans le monde entier.

Une femme qui passait par de graves problèmes financiers dans sa famille est venue chercher de l'aide vers son pasteur. Son mari et son fils étaient au chômage. La pasteur lui dit : « Vous devez

Libéré de la malédiction

lire Galates 3:13. » Il ouvrit sa Bible et lut ce passage pour elle : *Christ nous a rachetés de la malédiction de la loi, étant devenu malédiction pour nous, car il est écrit : Maudit soit quiconque est pendu au bois.* »

« Jésus-Christ est devenu malédiction pour vous, » lui expliqua-t-il, « afin que vous puissiez être libre financièrement. » Elle revint jour après jour chercher conseil, mais n'écouta pas vraiment.

Puis, près d'une année plus tard, elle rentra dans le bureau du pasteur pour une nouvelle visite. Elle dit : « Devinez ce qui s'est passé. Je suis finalement prospère. Un jour, je lisais la Bible et j'ai reçu une révélation. » Elle dit : « C'est Galates 3:13. » (C'était la même vérité que le pasteur lui avait répétée à de nombreuses reprises, mais cette fois elle avait elle-même reçu une révélation de Dieu.) Elle dit : « Voici ce qui s'est passé. J'ai pris conscience que Dieu voulait que je prospère. Cette pauvreté était une malédiction sur ma vie. Alors je suis sortie et j'ai trouvé un travail dans un restaurant. La joie du Seigneur était dans ma vie, et je savais que la malédiction financière avait été brisée. Par la suite, j'ai acheté le restaurant. » Aujourd'hui, elle est une femme prospère, car la faveur de Dieu est sur elle. En fait, les clients reviennent juste à cause de l'atmosphère paisible de son restaurant. L'Ecriture nous dit dans Ephésiens 4:28 : *Que celui qui dérobait ne dérobe plus, mais qu'il prenne plutôt de la peine, en travaillant honnêtement de ses mains, pour avoir de quoi donner à celui qui est dans le besoin.*

Jésus veut nous bénir afin que nous puissions donner aux autres. Alors que nous travaillons dans une attitude de liberté et de joie, nous allons expérimenter la bénédiction du Seigneur. La malédiction a été brisée. Le Seigneur désire que vous prospériez alors que vous lui obéissez.

REFLEXION

Est-il saint d'être pauvre ? Qui Dieu veut-Il utiliser pour répandre l'Evangile et répondre aux besoins des multitudes dans le monde ?

Jour 2

Liberté sociale

La liberté sociale constitue un sixième domaine de libération de la malédiction. Dieu souhaite que nous ayons du succès dans chaque aspect de nos vies, y compris la façon dont nous sommes en relation avec les autres, notre dimension sociale. Pendant mon enfance, j'avais de la peine à regarder les gens dans les yeux car je me sentais inférieur. C'était une malédiction qui a du être brisée. Aujourd'hui, par la grâce de Dieu, j'aime rencontrer des gens. La malédiction entraînant la peur des gens est partie au nom de Jésus ! D'après la Bible, la peur des hommes constitue un piège ! Mais quand nous faisons réellement confiance au Seigneur, nous trouvons de la sécurité dans nos relations. *La frayeur devant les hommes tend un piège, mais celui qui se confie en l'Éternel se trouve hors d'atteinte (Proverbes 29:25).*

Jésus jouissait d'une grande faveur devant les hommes de son époque. Partout où Jésus allait, « *une grande foule l'écoutait avec plaisir* » (Marc 12:37). Je crois que les gens appréciaient la compagnie de Jésus. Les enfants aimaient être avec Lui (Matthieu 18:2-5).

Dieu souhaite que vous et moi soyons capables d'être en relation avec les autres de façon positive. Une malédiction qui peut être sur votre vie depuis plusieurs générations va vous empêcher d'être en lien avec les autres de façon sociable et amicale. Jésus nous a libéré de cette conséquence du péché qui peut être héréditaire. Cette malédiction doit être brisée aujourd'hui dans le nom de Jésus. Jésus-Christ est devenu malédiction pour vous !

Cela ne veut pas dire que nous allons échapper à la persécution ou que tout le monde va nous aimer. La persécution peut prendre bien des formes. Dans certains pays aujourd'hui, les chrétiens sont torturés et emprisonnés pour leur foi. J'étais récemment dans une telle nation, rencontrant des dirigeants chrétiens dont la plupart avaient été emprisonnés pour leur foi. A d'autres reprises, les chrétiens peuvent se voir refuser un emploi pour lequel ils seraient qualifiés ou être ridiculisés à l'école ou au travail à cause de leurs convictions religieuses. 2 Timothée 3:12 nous dit que nous allons tous expérimenter une certaine persécution si nous voulons réellement vivre une vie pieuse. *Tous ceux d'ailleurs qui veulent vivre pieusement en Christ-Jésus seront persécutés.*

Jésus nous encourage à nous réjouir quand les autres disent faussement toute sorte de mal contre nous à cause de Lui (Matthieu 5:11-12), et pourtant, comme la Bible nous le montre, les chrétiens de l'église primitive avaient la faveur de tout le peuple, et des gens découvraient le Seigneur chaque jour (Actes 2:47). Voyez-vous la faveur de Dieu sur votre vie ? Le désir du Seigneur est que vous expérimentiez Sa faveur. Relisez le Psaume 5:13 : *Car toi Éternel, Tu bénis le juste, comme un bouclier, Tu l'environnes de faveur.*

Dieu désire vous environner de Sa faveur aujourd'hui. Proclamez votre libération de la malédiction par Jésus-Christ. Le prix de la rédemption a été payé. Recevez-le pour vous-mêmes. Aujourd'hui est le jour de votre liberté.

REFLEXION
Qu'est-ce que Proverbes 29:25 nous décrit comme un piège social ?
Par quoi Dieu veut-Il nous environner d'après le Psaume 5:12 ?

Jour 3
Liberté de toute activité démoniaque

La libération de l'activité démoniaque constitue un septième domaine de liberté. Le terme « possédé » dans le Nouveau Testament grec est le terme *démonisé*, qui signifie *avoir un démon*. Les gens dans tout le Nouveau Testament ont souvent souffert de l'influence et de l'oppression de Satan en ayant dans leur vie un esprit mauvais. Jésus et les chrétiens du Nouveau Testament chassaient régulièrement des démons de la vie des gens. *Le soir venu, on lui amena plusieurs démoniaques. Il chassa les esprits par sa parole et guérit tous les malades (Matthieu 8:16).*

Dans notre société moderne, les gens sont souvent trop sophistiqués pour croire que les individus peuvent avoir des démons. La plupart des gens ne croient même plus aux démons. Pourtant, la Bible nous montre que les démons sont des esprits mauvais ennemis de Dieu et des hommes (Matthieu 12:43-45). De plus, ils peuvent vivre dans les corps des non-croyants pour les rendre esclaves de l'immoralité et du mal (Marc 5:15 ; Luc 4:41 ; 8:27-28 ; Actes 16:18) et ils peuvent entraîner des maladies physiques (Matthieu 4:24 ; Luc 5:12-13), même si toutes les maladies ne sont pas causées par des esprits mauvais. Que les gens le croient ou non, la vérité est que bon nombre de personnes aujourd'hui sont tourmentées par des démons. Les gens impliqués dans le spiritisme ou la magie, utilisant des planches Ouija, des cartes de tarot ou des horoscopes sont en lien avec des esprits mauvais et peuvent être entraînés dans des liens démoniaques. L'activité démoniaque dans leur vie peut s'exprimer de divers manières : crises de colère, confusion, violence, immoralité, dépression... et la liste continue.

Parfois les gens me demandent si les chrétiens peuvent avoir une activité démoniaque dans leur vie. Oui, ils le peuvent, mais cela ne veut pas dire qu'ils sont possédés ou complètement contrôlés par un démon. Cependant, des démons peuvent avoir une influence sur les pensées, les émotions et les actions des chrétiens quand ils refusent de se soumettre aux directives du Saint-Esprit dans leur vie.

Je parlais avec un responsable chrétien qui m'a expliqué qu'on a du chasser un démon de colère de sa vie. Il avait passé par des périodes de colère incontrôlable et ne comprenait pas pourquoi. Finalement, un jour, il s'est confié à un pasteur qui a pris autorité sur le démon et l'a chassé au nom de Jésus. Il n'est plus le même depuis. Aujourd'hui, il est un des hommes les plus doux que je connaisse. Jésus-Christ l'a libéré.

Bien que Satan soit constamment en guerre contre le peuple de Dieu, essayant de briser sa loyauté envers Christ, Jésus a promis aux croyants l'autorité sur la puissance de Satan et de ses démons. Il est devenu malédiction pour nous afin que nous puissions être libres de toute influence démoniaque dans nos vies. Nous ne craignons pas les puissances des ténèbres. Il y a quelques années, un homme est venu me voir en me disant : « Larry, je veux que tu saches que j'ai utilisé une poupée vaudou et que j'ai posé une malédiction sur toi. » Il n'y avait aucune peur dans mon cœur lorsqu'il me dit cela. Savez-vous pourquoi ? Parce que je savais que Jésus-Christ est devenu malédiction pour moi. Une malédiction ne pouvait pas être posée sur ma vie, parce que j'étais protégé par le sang de Jésus-Christ. *Ils l'ont vaincu par le sang de l'Agneau... (Apocalypse 12:11).*

En tant que chrétiens, nous vivons par la foi dans la parole de Dieu. Nous vivons sous Sa grâce et sommes protégés par l'œuvre de Jésus-Christ ! En tant que chrétiens, nous avons autorité sur Satan à cause de ce que Jésus a fait sur la croix. Il a ébranlé la puissance du règne de Satan quand Il est mort et ressuscité. Il a désarmé Satan.

La Bible dit : *Car Dieu ne nous a pas donné un esprit de crainte... (1 Timothée 1:7).* Si nous avons une peur paralysante de Satan et de ses mauvaises intentions, nous ne sommes pas simplement craintifs ; nous avons un esprit de crainte. Un esprit de crainte peut être un esprit démoniaque qui nous trompe. Satan est l'auteur de la crainte et désire que nous marchions dans la crainte. Nous devons résister aux esprits démoniaques de tous genres et leur ordonner de partir au nom de Jésus. Nous pouvons briser le pouvoir qu'ils tentent d'exercer sur nous. Si nous sommes confrontés à un tempérament violent, à la dépression, à une soudaine compulsion de nous suicider ou à d'autres problèmes majeurs, cela peut très bien être lié à des esprits démoniaques qui contrôlent notre vie. Nous ne pouvons pas nous permettre de tomber dans leurs pièges. Nous devons être alertes face aux stratégies et aux tentations de Satan et devons aspirer à en être libérés.

REFLEXION
Que veut dire être démonisé ? Qu'est-ce qui nous rend libre, d'après Apocalypse 12:11 ?

Jour 4
Résistez à l'ennemi et il fuira loin de vous

Pour être libérés des liens démoniaques, nous devons résister au diable par la prière et proclamer la parole de Dieu en faisant appel au puissant nom de Jésus. Un ami m'a raconté qu'il a senti une fois une présence étrange et mauvaise dans la maison d'une de ses connaissances. Faisant appel au nom de Jésus, quelques chrétiens ont prié et pris autorité sur une malédiction devant être brisée sur cette maison. La présence mauvaise est partie. Jacques 4:7 dit : *Soumettez-vous donc à Dieu. Résistez au diable, et il fuira loin de vous.*

Smith Wigglesworth était un évangéliste en Grande-Bretagne il y a bien des années. Il comparait le diable à un chien errant qui aboie sur nos talons. Il enseignait qu'à moins de résister au chien, il allait continuer à glapir toujours plus fort. Mais si nous lui faisions face hardiment en lui ordonnant de partir, il s'enfuirait. Le diable n'a pas d'autre choix quand nous lui résistons au nom de Jésus. Il doit partir.

En tant que chrétiens, nous pouvons faire appel à Jésus pour vaincre Satan et ses puissances démoniaques. Matthieu 12:29 dit que nous pouvons lier l'homme fort (Satan) et piller sa maison (libérer ceux qui ont été rendus esclaves par Satan). *Ou, comment quelqu'un peut-il entrer dans la maison d'un homme fort et piller ses biens sans avoir auparavant lié cet homme fort ? Alors seulement il pillera sa maison (Matthieu 12:29).*

Nous pouvons chasser les démons au nom de Jésus en « liant » l'esprit démoniaque qui influence nos vies ou celle des autres. Alors seulement nous pourrons être libres. En tant que croyants, nous pouvons offrir la délivrance à ceux qui ont été rendus captifs par la puissance de Satan. *Voici les signes qui accompagneront ceux qui auront cru : En mon nom, ils chasseront les démons ; ils parleront de nouvelles langues (Marc 16:17).*

Chasser les démons est un ministère que le Seigneur a donné à ceux qui croient en Lui. Les chrétiens sont appelés à prier pour la délivrance de ceux qui sont liés par Satan. Si vous pensez que le Seigneur vous appelle à libérer les gens des esprits démoniaques, je vous encourage à suivre l'exemple de Jésus. Jésus a envoyé ses disciples deux par deux pour servir, et ils sont revenus enthousiastes ! Pourquoi ?... *« Même les démons nous sont soumis en ton nom ! »* ont-ils rapporté (Luc 10:17).

Remarquons que Jésus donne à ses disciples une parole de prudence : *... ne vous réjouissez pas de ce que les démons vous sont soumis, mais réjouissez-vous de ce que vos noms sont écrits dans les Cieux » (v. 20).* Jésus met ses disciples en garde pour qu'ils ne fassent pas de leur pouvoir sur les démons la source de leur joie mais qu'ils se réjouissent en raison de leur relation avec Lui.

Le fait demeure – les démons ne tiennent pas dans la présence de disciples envoyés par Jésus pour les chasser. Le Seigneur nous a aussi envoyés pour chasser les démons des gens et les libérer de toute activité démoniaque au nom puissant de Jésus !

REFLEXION

Quelles sont les deux choses que nous devrions faire pour mettre le diable en fuite ? Comment pouvons-nous vaincre les puissances démoniaques d'après Matthieu 12:29-30 ?

Jour 5

Renoncer aux esprits démoniaques

Parfois les gens s'impliquent innocemment dans des activités démoniaques en touchant aux énergies paranormales pour connaître leur avenir ou découvrir des secrets – en lisant des cartes de tarot, en jouant à des jeux démoniaques comme Donjons et Dragons ou la planche Ouija, en faisant des séances de spiritisme ou en utilisant des drogues pour produire des « expériences spirituelles » – ce genre de pratiques est associé avec l'occultisme. Tenter de communiquer avec le monde surnaturel par ce genre de méthodes consiste en fait à communiquer avec des démons (1 Samuel 28:8-14 ; 2 Rois 21:6; Esaïe 8:19).

Une implication dans ce genre de pratiques occultes est dangereuse et peut conduire à des liens démoniaques. La Bible nous donne ces avertissements :

... Vous ne vous livrerez pas à des pratiques occultes et vous ne tirerez pas de présage (Lévitique 19:26).

Ne vous tournez pas vers ceux qui évoquent les esprits, ni ceux qui prédisent l'avenir ; ne les recherchez pas, de peur de vous souiller avec eux. Je suis l'Éternel, votre Dieu (Lévitique 19:31).

En tant que jeune homme, j'ai participé à un genre de divination en tentant de chercher de l'eau dans notre ferme familiale. Nous pensions qu'en tenant un bâton, nous pourrions localiser des courants d'eau souterrains et ainsi savoir où creuser un puits. Bien que je n'en sache rien à l'époque, je jouais avec l'occulte. Tenter de découvrir les forces inconnues de la nature en utilisant des pratiques superstitieuses comme celle-ci consiste à s'ouvrir aux esprits démoniaques. Après avoir reçu Jésus-Christ en tant que Seigneur, j'ai été libéré de la malédiction que l'ennemi avait tenté de placer sur ma vie par mon implication dans cette pratique occulte. Il y a des années, j'ai aussi joué avec une planche Ouija, un jeu qui tente de découvrir des choses secrètes en nous soumettant à des forces spirituelles inconnues. Là aussi, j'ai du briser cette malédiction sur ma vie au nom de Jésus-Christ.

Pratiques occultes
Lévitique 19:31 ; 20:6
Deutéronome 18:10-11
Apocalypse 9:21

Il y a deux puissances surnaturelles – celle de Dieu par Jésus-Christ, et celle de l'ennemi. Une malédiction peut être placée sur notre vie si nous nous impliquons dans une pratique occulte, quelle qu'elle soit. J'ai prié pour des gens qui avaient un intense désir de se suicider ou qui étaient tombés dans la dépression parce que le diable les tenait captifs en raison de leur implication dans les choses occultes. Mais la bonne nouvelle est la suivante : vous pouvez être totalement libres ! Si vos ancêtres ont été impliqués dans une certaine activité occulte, vous pouvez en être libéré. Lorsque vous renoncez à ces esprits démoniaques au nom de Jésus, les démons ne peuvent plus avoir aucun contrôle sur votre vie.

Une de mes amies a souffert de migraines chroniques pendant plus de huit ans. Dans son cas, ce problème physique était lié à son implication dans le monde occulte. En désespoir de cause, elle est venue trouver des chrétiens pour qu'ils puissent l'aider. Ils ont chassé l'ennemi au nom de Jésus et elle a été libérée de la malédiction de ces migraines chroniques sur sa vie.

Nos vies sont comme des oignons avec plusieurs couches de peau. Peut-être avez-vous été libéré d'esprits démoniaques dans votre vie. Il peut y avoir des couches que Dieu a déjà ôtées. Cependant, le Seigneur peut vous amener à travailler d'autres domaines de liberté dans l'avenir.

Il nous aime et nous fait grandir pas à pas. Il sait ce que nous pouvons gérer. Alors que le Seigneur révèle d'autres domaines où nous avons besoin de libération dans nos vies, nous la recevons de Sa part. Puis une autre couche se révèle. Le Seigneur continue son processus jusqu'à ce que nous soyons complètement propres et devenions le peuple qu'Il nous appelle à être. Il est engagé à ce que nous soyons complètement libres. Ce processus peut prendre des jours, des mois, voire des années.

REFLEXION

De quels dangers devons-nous être conscients lorsque quelqu'un est impliqué dans le surnaturel ? Comment les pratiques occultes affectent-elles la vie de ceux qui sont impliqués ?

Jour 6
Libre des malédictions familiales

Plus tôt dans ce livre (Chapitre 1, Jour 6 et Chapitre 2, Jour 3), nous avons mentionné les malédictions héréditaires (familiales) qui peuvent avoir été transmises par les générations. Un péché non-confessé peut laisser une fragilité spirituelle face à un péché particulier dans une lignée familiale. Par exemple, un péché sexuel peut produire une malédiction. La malédiction entraîne ensuite une faiblesse héréditaire envers ce péché, faiblesse transmise dans la descendance familiale. Si le péché n'est pas réglé devant Dieu, il continue son emprise et influence fortement nos vies.

Les péchés héréditaires entraînent des forteresses spirituelles ou des pensées dans nos esprits qui nous amènent à dire : « Même Dieu ne peut pas changer cette circonstance dans ma vie. C'est sans espoir. » Nous commençons à accepter ce mensonge et tombons dans un péché qui produit une forteresse dans nos vies. Il existe de multitudes de forteresses pouvant être transmises dans les lignées familiales : des dépendances comme l'alcool, la nourriture, les dépenses compulsives ; des problèmes mentaux comme la dépression, la rage, l'inquiétude ; des problèmes sexuels comme la pornographie, la fornication ou l'homosexualité ; des questions de cœur comprenant l'amertume, l'avarice, la rébellion, le légalisme, le commérage.

Pour commencer, il est important d'identifier les forteresses qui touchent nos lignées familiales, car nous pouvons démonter ces forteresses dans nos vies. *Car les armes avec lesquelles nous combattons ne sont pas charnelles, mais elles sont puissantes devant Dieu, pour renverser des forteresses. Nous renversons les raisonnements et toute hauteur qui s'élève contre la connaissance de Dieu, et nous amenons toute pensée captive à l'obéissance au Christ (2 Corinthiens 10:4-5).*

Ensuite, nous devons nous repentir de nos propres péchés. Même si nous avons hérité d'une faiblesse spirituelle envers un péché particulier dans notre famille, ce n'est pas une excuse pour les péchés que nous avons commis nous-mêmes. Puis nous pardonnons nos ancêtres pour avoir laissé entrer ce péché dans notre lignée familiale. *Ceux à qui vous pardonnerez les péchés, ils leur seront pardonnés, et ceux à qui vous les retiendrez, ils leur seront retenus*

(Jean 20:23). Nous ne pouvons pas entretenir du non-pardon dans nos cœurs. Finalement, nous devons nous repentir de (ou renoncer à) ce péché. Ce faisant, nous brisons le pouvoir de ce péché dans notre génération. Nous ôtons à Satan le droit légal de continuer à nous tourmenter nous et nos enfants dans ce domaine particulier.

REFLEXION
Identifiez tout péché générationnel dans votre lignée familiale. Notez-les et passez par les étapes de repentance et de pardon mentionnées ci-dessus.

Jour 7
Nos armes spirituelles

En tant que chrétiens, nous sommes engagés dans un conflit spirituel contre le mal. Bien que notre victoire soit garantie par la mort de Jésus sur la croix, nous devons mener un combat spirituel par la puissance du Saint-Esprit en utilisant nos armes spirituelles (Ephésiens 6:10-18). Pour en savoir plus sur le combat spirituel, lisez le chapitre 2 du livre Fondement Bibliques numéro 12.

Une fois, les disciples n'arrivaient pas à chasser un démon de la vie d'un garçon, et Jésus leur dit que ... *cette espèce de démon ne peut sortir que par la prière (« et par le jeûne » dans certaines traductions) (Marc 9:29)*

Jésus voulait dire que si Ses disciples avaient maintenu une vie de prière, comme Lui, ils auraient réussi à chasser ce démon. Lorsque nous reconnaissons que nous sommes en guerre contre des forces spirituelles et les puissances du mal, nous vivrons devant Dieu avec ferveur et serons équipés par la foi pour voir les autres délivrés des esprits démoniaques.

Pour surmonter le mal, Dieu nous a donné des armes. La première arme est « le nom de Jésus ». L'Ecriture nous dit : *Afin qu'au nom de Jésus tout genou fléchisse dans les cieux, sur la terre et sous la terre, et que toute langue confesse que Jésus-Christ est Seigneur, à la gloire de Dieu le Père (Philippiens 2:10-11)*.

Il y a quelques temps, je me suis réveillé pendant la nuit en sentant une présence mauvaise dans ma chambre. J'étais loin de chez moi, et il n'y avait personne d'autre dans la maison où je dormais. Je me suis senti comme paralysé dans mon lit. Je ne pouvais que faire appel au nom de « Jésus ». La présence mauvaise a quitté la pièce et j'ai pu me rendormir. Il y a de la puissance dans le nom de Jésus.

La deuxième arme que le Seigneur nous a donnée contre l'ennemi est « le sang de Jésus ». J'ai personnellement été témoin de démons dans la vie des gens qui ont hurlé de frayeur à la mention du sang de Jésus. A une occasion, un homme habité par des démons a plaqué ses mains sur ses oreilles et s'est mis à hurler lorsque le sang de Jésus a été mentionné. Le sang de l'Agneau nous a libéré du pouvoir de l'ennemi. L'Ecriture nous dit dans Apocalypse 12:11 : *Ils l'ont vaincu à cause du sang de l'Agneau et à cause de la parole de leur témoignage, et ils n'ont pas aimé leur vie jusqu'à craindre la mort (Apocalypse 12:11).*

La troisième arme que le Seigneur nous a donnée contre la malédiction de l'ennemi est « la parole de notre témoignage ». Notre témoignage est simplement la confession de ce que le Seigneur a fait dans nos vies et de ce que Dieu dit à notre sujet. Nous connaissons ce que Dieu dit de nous en croyant à Sa Parole. La vérité de la parole de Dieu nous rend libres.

En conclusion, je vais vous demander de prier la prière suivante à haute voix. Nous allons confesser la parole de Dieu et notre témoignage, et trouver la libération de la malédiction au nom de Jésus.

« Au nom de Jésus-Christ, je renonce à toute implication que moi ou ma famille avons pu avoir avec l'occultisme jusqu'à la troisième et à la quatrième génération. Je déclare que je suis un enfant du Dieu vivant par la foi en Jésus-Christ. Jésus-Christ est le Seigneur et le Roi de ma vie. Son sang m'a purifié de tout péché et de toute malédiction que l'ennemi a pu tenter de placer sur ma vie. La Bible dit : « Celui que le Fils rend libre est réellement libre » (Jean 8:36). Je suis libre aujourd'hui dans le puissant nom de Jésus. Je déclare ma libération de tout lien spirituel et de toute fausse culpabilité dans le nom de Jésus. Je déclare aujourd'hui ma libération de tout type de maladie physique dans le nom de Jésus. Je déclare ma restauration émotionnelle dans le nom de Jésus. Je pardonne quiconque ayant pu me blesser dans le nom de Jésus-Christ. Je déclare que je suis libre mentalement dans le nom de Jésus. Je déclare que je suis libre financièrement et que je vais prospérer dans le nom de

Jésus. Je déclare au nom de Jésus que je suis libre socialement, et que la faveur de Dieu est sur ma vie. Je déclare que je suis libre de toute forteresse démoniaque et de toute stratégie de l'ennemi dans le nom de Jésus. L'homme fort a été lié au nom de Jésus et Jésus-Christ m'a libéré. Je déclare que le sang de Jésus-Christ m'a rendu libre ! Je saisis mon héritage en accord avec la parole de Dieu disant que Jésus-Christ est devenu malédiction pour moi. Je te remercie pour cela au nom de Jésus. Amen. »

Si vous ressentez le besoin qu'une autre personne prie avec vous et prenne autorité sur tout esprit ou influence démoniaque dans votre vie, faites-le ! Il sera fidèle pour vous conduire vers la bonne personne. Ce croyant en Jésus-Christ rempli de l'Esprit et ayant une relation intime avec Lui peut prier pour vous, et le Seigneur va vous libérer.

REFLEXION

Nommez les trois armes spirituelles citées ici. Quelle est la puissance de votre témoignage face aux puissances démoniaques ?

Libéré de la malédiction
Canevas du chapitre 1

Qu'est-ce qu'une malédiction ?

1. **Le péché entre dans un monde parfait et le change à jamais**
   a. Le péché est entré dans le monde par la désobéissance d'Adam et Eve (Romains 5:12).
   b. Ainsi nous vivons dans un monde déchu ou maudit et les hommes naissent avec une tendance vers le péché et l'égoïsme. Romains 8:5-8.

2. **Satan fait maintenant des ravages dans le monde**
   a. Même le sol est maudit (Genèse 3:17) et le péché et sa malédiction commencent à croître dans le monde.
   b. Nous voyons les résultats dans la misère que les gens expérimentent dans le monde. Satan continue à faire des dégâts dans le monde suite à la malédiction initiale.

3. **Jésus règne sur le diable**
   a. Bien que Satan contrôle l'âge présent parce que le monde est en rébellion contre le règne de Dieu, Jésus est venu détruire son œuvre (1 Jean 3:8).
   b. Jésus est venu pour établir le royaume de Dieu dans nos cœurs et pour nous délivrer de la domination de Satan.
   c. Jésus règne sur le diable (Jean 14:30 ; 1 Jean 4:4).

4. **Jésus devient malédiction pour nous**
   a. Grâce à l'œuvre de Jésus sur la croix, nous pouvons être libérés des mensonges du diable sur nos vies. Jésus est devenu malédiction pour nous. Galates 3:13.
   b. Jésus nous a rachetés.
   Ex : Le garçon qui rachète son bateau après l'avoir perdu.
   c. Nous avons été rachetés de la malédiction posée sur nos vies (pour avoir brisé la loi de Dieu – péché).

5. **Les gens souffrent parce que notre planète a été abandonnée aux puissances des ténèbres**
   a. Il y a une malédiction sur ce monde depuis que le péché y est entré. Tant les croyants que les non-croyants expérimentent la souffrance comme une conséquence de la chute d'Adam et Eve. Nous vivons maintenant sur une planète qui a été livrée aux puissances des ténèbres.
      Ex : Le cancer et les autres maladies peuvent être le résultat d'un régime malsain ou d'avoir mangé de la nourriture pleine de pesticides, etc.
   b. Dieu n'a jamais prévu que le mal fasse partie de Son plan. Il ne pas la cause du mal qui nous arrive (Jacques 1:13).

6. **Les gens souffrent parce que les hommes font de mauvais choix**
   a. Une loi universelle instaurée par Dieu s'appelle la « loi des semailles et des moissons » (Galates 6:7). Nous récoltons les conséquences de nos mauvais choix.
   b. Les péchés des parents peuvent suivre les enfants dans les générations (Exode 20:5 ; Deutéronome 5:9) mais cette malédiction héréditaire peut être brisée.
   c. Nous devons éviter tout ce qui nous ôte de la protection divine – confesser tout péché connu dans nos vies. Mais parfois nous faisons de mauvais choix innocemment et Dieu peut permettre des difficultés comme moyen pour nous discipliner (Hébreux 12:5-6).

7. **Les gens souffrent à cause d'attaques sataniques directes**
   a. Des malédictions démoniaques sont placées sur les gens et ils se retrouvent handicapés émotionnellement, spirituellement ou physiquement.
   b. Les croyants ne sont pas immunisés contre les attaques de Satan, mais « une malédiction sans cause n'a pas d'effet ». Une attaque directe se produit si :
      (1) nous ne marchons pas sous la protection de Christ et nous nous ouvrons à une attaque démoniaque.
      (2) Dans le cas de Paul, le Seigneur a permis à Satan d'avoir accès à lui afin qu'il ne s'enorgueillisse pas (2 Corinthiens 12:7).

Libéré de la malédiction
Canevas du chapitre 2

Nous pouvons reprendre ce que l'ennemi nous a volé

1. **Nous pouvons être victorieux**
   a. En tant que chrétiens, nous pouvons avoir la victoire dans chaque domaine de nos vies ! Jésus est venu pour nous délivrer de la domination de Satan (Genèse 3:14-15) et pour établir le royaume de Dieu dans nos cœurs.
   b. Les tragédies dans nos vies n'ont pas leur origine en Dieu (Jacques 1:17). Le Seigneur nous offre un chemin pour sortir de notre lien au péché et à la souffrance. Son plan pour nos vies est un plan d'espérance.
   Jérémie 29:11.

2. **Nous vivons dans une relation d'alliance avec Dieu**
   a. Dans l'alliance de l'Ancien Testament, Dieu promet de se lier lui-même à Son peuple fidèle pour être leur Dieu. Dans le Nouveau Testament, Dieu fait une nouvelle alliance avec nous en Jésus-Christ – une promesse d'offrir la protection et la bénédiction divine à ceux qui, par la foi, acceptent Jésus et reçoivent Ses promesses (Galates 3:6-9).
   b. Une alliance dépend de notre obéissance envers Dieu. Si nous obéissons, nous sommes bénis ; si nous ne le faisons pas, nous sommes maudits.
   Deutéronome 28:1-3 ; 15
   c. Ce n'est pas la volonté de Dieu que la souffrance vienne sur nos vies. La souffrance fait partie de la malédiction originelle, et Dieu veut que nous en soyons libérés.

3. **Nous ne pouvons pas laisser l'ennemi nous mentir**
   a. Le diable a menti à de nombreux chrétiens (Jean 8:44) en leur disant qu'ils ne peuvent pas être libérés des liens dans leur vie.
   b. Lorsque vous naissez de nouveau, vous recevez un nouveau Père. Il n'est pas sous la malédiction. Il peut vous libérer de toute malédiction. C'est pourquoi il est allé sur la croix, afin que toutes nos insécurités, nos craintes, nos malédic-

tions puissent être brisées.
c. Dieu veut nous donner des dons parfaits (Jacques 1:17).

4. **Nous devons faire valoir nos droits**
   a. Le péché d'Adam a apporté la mort, mais Christ a apporté la grâce et la vie. Romains 5:15, 19
   b. Christ a repris ce que Satan avait tenté de nous voler. Nous devons reprendre les domaines de nos vies que le diable nous a volés-
   c. Légalement, en tant que chrétien, vous avez droit à la paix, à la joie, à la bonne santé, etc. mais si le diable vous a volé dans ces domaines, vous devez faire valoir vos droits.

5. **Nous appliquons la parole de Dieu à nos vies**
   a. Nous sommes libérés de la puissance des ténèbres et sommes maintenant dans le royaume de Christ (Colossiens 1:13).
   b. Nous pouvons régner dans la vie (Romains 5:17) et expérimenter la plénitude.
   c. La parole de Dieu doit être appliquée à nos vies. Alors que nous confessons sa vérité, la foi est nourrie dans nos cœurs (Romains 10:17) et nous pouvons surmonter les schémas négatifs qui dominent nos vies.

6. **Nous gardons nos langues**
   a. Les paroles sont puissantes (Matthieu 12:34) ; Matthieu 12:36-37).
   b. Par nos paroles, nous pouvons prononcer soit une bénédiction soit une malédiction sur nos vies.
   c. La chose que nous craignons peut nous arriver (Job 3:25) mais Dieu ne nous a pas donné un esprit de crainte (2 Timothée 1:7).
   d. Prononcez des paroles qui transmettent la vie et libèrent l'espérance.

7. **Nous libérons notre héritage**
   a. Nous sommes enfants de Dieu par la foi en Jésus. Romains 8:16
   b. Spirituellement, nous devons recevoir notre héritage afin d'être libéré des liens dans nos vies.

Libéré de la malédiction

Libéré de la malédiction
Canevas du chapitre 3

Recevoir la liberté au nom de Jésus

1. **Spirituellement libre !**
   a. La libération spirituelle constitue un domaine de libération de la malédiction.
   1 Jean 1:9
   b. Le diable peut tenter de nous faire croire que nous ne sommes pas sauvé, mais il est un menteur. Romains 8:1-2
   c. La malédiction de fausse culpabilité essaie de nous pousser dans la dépression, etc. et elle doit être brisée au nom de Jésus.
   Ex. Le fermier qui se bat contre la fausse culpabilité plante un pieu dans le sol et confesse sa libération.

2. **Libre de la maladie**
   a. Jésus a porté nos maladies sur la croix.
   Matthieu 8:16-17 ; Esaïe 53:4-5
   C'est la volonté de Dieu que nous soyons guéris et en bonne santé.
   b. Chaque maladie a été suspendue sur la croix au-travers de Jésus-Christ.
   c. Cherchez la présence de Jésus et saturez vos vies de la parole de Dieu, et attendez-vous à un miracle (Matthieu 7:8 ; 19:26).

3. **Obstacles à la guérison**
   a. Parmi les possibles obstacles à la guérison, on trouve les péchés non-confessés, l'oppression démoniaque, la crainte, les déceptions passées qui sapent la foi actuelle, les enseignements non-bibliques, les leaders qui ne prient pas la prière de foi, l'incrédulité, un comportement égocentrique. Parfois la raison n'est pas apparente.
   b. Ne renoncez pas si vos prières pour la guérison ne sont pas exaucées (Philippiens 4:4). Les desseins de Dieu sont pour notre plus grand bien et nous ne pouvons pas toujours comprendre.

c. Nous choisissons de vivre par ce que la parole de Dieu nous dit même si nous ne voyons pas les résultats attendus.

4. **Libre des souvenirs douloureux**
   a. Dieu veut que nous soyons guéris dans nos émotions (Luc 4:18-19).
   b. Nous pouvons être libres de la malédiction des souvenirs douloureux du passé.
   Ex. Comment un jeune homme a pardonné son père et a été guéri.

5. **Pardonne, pardonne, pardonne**
   a. Le fait de pardonner ceux qui nous ont blessé est une clé pour notre propre guérison.
   Matthieu 6:14-15
   b. Matthieu 18 – La parabole d'un serviteur devant de l'argent. Si nous ne pardonnons pas ceux qui nous ont blessé, nous pouvons être tourmenté.
   Matthieu 18:34-35

6. **Et pardonne encore !**
   a. Non seulement nous pardonnons ceux qui nous ont blessé, mais nous demandons à Dieu de les pardonner.
   b. Nous devrions aussi demander à Dieu de nous pardonner pour toute tentative de cacher notre péché (Proverbe 28:13).
   c. Confessez vos fautes à quelqu'un et demandez-lui de prier pour vous.
   Jacques 5:16

7. **Libre d'avoir un esprit sain**
   a. Jésus est venu pour nous libérer de cette malédiction basée sur la crainte (2 Timothée 1:7).
   b. La volonté de Dieu est que nous ayons la paix dans notre esprit (Esaïe 26:3).

Libéré de la malédiction

Libéré de la malédiction
Canevas du chapitre 4

Vous pouvez être complètement libre

1. **Liberté financière**
   a. Dieu veut que nous prospérions (2 Corinthiens 8:9).
      Ex : La femme qui réalise finalement que Christ l'a rachetée de la malédiction des problèmes financiers (Galates 3:13).
   b. Jésus veut nous bénir afin que nous puissions donner aux autres. Ephésiens 4:28

2. **Liberté sociale**
   a. Le fait de se sentir inférieur est une malédiction (Proverbe 29:25).
   b. Les chrétiens devraient vivre des vies joyeuses. Les premiers chrétiens « avaient la faveur » du peuple qui les entourait (Actes 2:47).
   c. Cependant, cela ne veut pas dire que les chrétiens vont échapper à la moquerie ou à la persécution s'ils vivent une vie pieuse (2 Timothée 3:12).
   d. Nous devons expérimenter la faveur du Seigneur et marcher dans la liberté sociale (Psaume 5:12).

3. **Liberté de toute activité démoniaque**
   a. Les gens d'aujourd'hui sont tourmentés par des démons et Jésus peut les délivrer comme aux temps bibliques (Matthieu 8:16).
   b. L'activité démoniaque peut se manifester par des crises de colère, de la confusion, de l'immoralité, de la dépression, de la violence, etc.
      Ex : Le responsable chrétien qui a eu un esprit de colère chassé de sa vie.

4. **Résistez à l'ennemi et il fuira loin de vous**
   a. Nous résistons au diable par la prière, en proclamant la parole de Dieu et en prenant autorité sur lui (Jacques 4:7).
   b. Nous pouvons chasser les démons et libérer ceux qu'ils tiennent en esclavage (Matthieu 12:29-30).

5. **Renoncer aux esprits démoniaques**
   a. Une implication dans une activité occulte est dangereuse (tarot, planche ouija, séances de divination, recherche occulte de sources d'eau, etc.) et peut entraîner des liens démoniaques dans nos vies (Lévitique 19:26, 31).
   b. Renoncez à toute activité démoniaque dans laquelle vous avez pu être impliqué et soyez libéré dans le nom de Jésus !

6. **Libre des malédictions familiales**
   a. Des péchés non-confessés peuvent laisser une fragilité spirituelle envers un péché particulier qui se transmet dans la lignée familiale.
   Ex : Un péché sexuel peut produire une malédiction qui entraîne une fragilité héréditaire (forteresse) face à ce péché et qui peut être transmise dans la lignée familiale.
   b. Identifiez la forteresse afin qu'elle puisse être démolie. 2 Corinthiens 10:4-5
   c. Nous devons aussi nous repentir de notre propre péché, pardonner nos ancêtres (Jean 20:23) et renoncer au péché pour briser son pouvoir dans notre génération.

7. **Nos armes spirituelles**
   a. Nous menons un combat spirituel contre le mal en utilisant nos armes spirituelles (Ephésiens 6:10-18).
   b. Une arme pour vaincre le mal : le nom de Jésus. Philippiens 2:10-11
   c. Deux autres armes contre l'ennemi : le sang de Jésus et la parole de notre témoignage (Apocalypse 12:11).
   d. Priez et prenez autorité sur toute influence démoniaque dans votre vie et soyez libre au nom de Jésus !

Questions de méditation supplémentaires

Si vous utilisez ce livret comme guide de méditation quotidienne, vous aurez réalisé qu'il y a vingt-huit jours dans cette étude. Selon le mois, vous pourrez avoir besoin des trois études quotidiennes données ci-dessous.

Jour 29
Rends-moi pur !

Lisez Marc 1:40-42. Mettez-vous à la place du lépreux dans cette histoire. Demandez à Jésus de vous aider avec tout lien ou malédiction que vous pourriez avoir dans votre vie. Qu'est-ce que la compassion ? Répétez à haute voix ce que Jésus a dit au lépreux au verset 41.

Jour 30
Guéri et libéré

Lisez Marc 2:3-12. Chez qui Jésus voit-il la foi au verset 5 ? Comment Jésus réagit-il à cette foi ? Que Jésus voit-il dans le cœur des scribes (verset 8) ? Comment Jésus réagit-il envers eux ? Que cela nous enseigne-t-il au sujet des motivations du cœur ?

Jour 31
Libre des liens

Lisez Marc 3:3-5, 10-15. Est-ce que l'homme à la main sèche demande à Jésus de le guérir ? Que cela nous montre-t-il au sujet de la compassion de Jésus ? Relisez le verset 11. Pourquoi les démons connaissent-ils Jésus ? Que Jésus leur ordonne-t-il de faire ? Au verset 15, est ce que le pouvoir que Jésus donne à ses disciples est le même pouvoir que lui-même exerce contre les démons ? Avez-vous été libéré de toute malédiction et de tout lien dans votre vie ?

Fondements bibliques 7

Apprendre à communier avec Dieu

Comment approfondir notre relation avec Jésus Christ

CHAPITRE 1

Connaître Dieu par Sa Parole

VERSET CLÉ À MÉMORISER

Les paroles que je vous ai dites sont Esprit et vie.

Jean 6:63

Jour 1

Comment pouvons-nous connaître un Dieu aussi extraordinaire ?

Imaginons que vous êtes en train de faire votre jogging dans une rue de Washington D.C. et que vous réalisez soudain le président des Etats-Unis fait lui aussi son jogging juste devant vous. Vous l'interpellez en le saluant : « Bonjour, Monsieur le Président. » Est-ce que le président vous connaît ? Le connaissez-vous personnellement ? Probablement pas. Vous connaissez peut-être des informations à son sujet, mais c'est différent de le connaître personnellement.

De la même façon, de nombreuses personnes connaissent plein d'informations sur Dieu, mais ne Le connaissent pas vraiment personnellement. Dieu est infini, il est le créateur de l'univers, l'Eternel, le dirigeant souverain de tout ce qui existe. Personne ne L'a créé (Actes 17:23-25), Il a toujours existé et Il existera toujours sans jamais changer (Hébreux 13:8). Comment pouvons-nous connaître ce Dieu infini alors que nous sommes des êtres humains mortels et limités ? Comment nos pensées peuvent-elles jamais saisir qui Il est ?

Il y a un seul Dieu
1 Corinthiens 8:4
Ephésiens 4:6 ; Jacques 2:19

Nous pouvons connaître Dieu par Jésus-Christ. Dieu s'est faire connaître par Jésus. Il devient réel pour nous à travers une relation avec Son Fils qu'Il a envoyé sur la terre pour accomplir Sa volonté. Jésus est venu pour nous rencontrer personnellement et pour mourir pour nos péchés afin que nous puissions vivre éternellement. *Or, la vie éternelle, c'est qu'ils te connaissent, toi, le seul vrai Dieu, et celui que tu as envoyé, Jésus-Christ (Jean 17:3).*

D'après la Bible, la vie éternelle implique de connaître Dieu et de communier avec Lui qui s'est fait connaître par Jésus-Christ, Son Fils qu'Il a envoyé. Dieu veut nous connaître personnellement ! Dans cet ouvrage, nous allons apprendre comment vivre en communion avec Dieu, que ce soit en méditant Sa Parole, en piant ou en l'adorant. Nous allons découvrir comment développer une relation intime avec Dieu au-travers de Jésus-Christ.

Avant cela, cependant, il est important que nous comprenions qui est Dieu. Nous croyons en un seul Dieu. Nous adorons un seul

Dieu. Quand Dieu a parlé à Moïse, Il s'est révélé comme l'Unique. Quelques siècles plus tard, quand on a demandé à Jésus quel était le plus grand commandement, Il a cité ces mêmes paroles écrites par Moïse : *Ecoute, Iraël, le Seigneur notre Dieu est l'unique Seigneur... (Marc 12:29).*

La Bible enseigne clairement qu'il n'y a qu'un seul Dieu. Pourtant, les Ecritures enseignent aussi qu'il y a Dieu le Père, Dieu le Fils et Dieu le Saint-Esprit. Cela ne veut pas dire qu'il y a trois dieux. Il n'y a qu'un seul Dieu que nous pouvons aimer et adorer. Alors comment peut-Il être un et trois en même temps ?

REFLEXION
D'après Jean 17:3, comment pouvons-nous connaître Dieu ? Connaissez-vous Dieu personnellement, ou seulement des informations à son sujet ?

Jour 2
Quand trois égale un

D'après la Bible, Dieu est un Dieu qui est trois personnes. Le terme Trinité est utilisé pour décrire ce concept. Lorsque Jésus nous a demandé d'aller dans toutes les nations pour faire des disciples, les trois personnes de la Trinité sont citées ensemble... *au nom du Père, du Fils et du Saint-Esprit (Matthieu 28:19).*

La Trinité
Dieu est un en essence existant en trois personnes distinctes qui partagent une nature divine : Le Père, le Fils et le Saint-Esprit : Matthieu 3:16-17 ; 28:19
2 Corinthiens 13:14
Ephésiens 4:4-6
1 Pierre 1:2 ; Jude 20-21
Le Père, le Fils et le Saint

La Bible nous dit aussi dans le livre de la Genèse : « Créons l'homme à notre image » (Genèse 1:26). Lorsque le monde a été créé, Dieu le Père, Dieu le Fils et Dieu le Saint-Esprit ont travaillé ensemble pour créer la terre et tout ce qui s'y trouve. Dieu le Père, Dieu le Fils et Dieu le Saint-Esprit ont toujours existé.

Le Père, le Fils et le Saint-Esprit sont des membres co-égaux et co-éternels. Bien que ce concept ne soit pas facile à comprendre, notre Dieu est un en essence et existe en trois personnes distinctes

Apprendre à communier avec Dieu

qui partagent une nature divine – Dieu notre Père qui est dans les Cieux, Dieu le Fils qu'Il a envoyé sur terre, et Dieu le Saint-Esprit qui demeure en chaque croyant né de nouveau par la foi en Jésus-Christ.

Ce ne sont pas trois dieux, ou trois parties ou expressions de Dieu, mais ce sont trois personnes si complètement unies qu'elles forment le seul Dieu véritable et éternel.[1] Pour pouvoir sonder ceci, nos pensées et nos cœurs doivent être étirés afin d'être capables de saisir un Dieu plus grand que tout ce que nous pouvons imaginer ! Dieu est si grand – notre conception limitée ne peut pas Le comprendre facilement. Cela peut parfois nous aider d'observer les choses qu'Il a créées. Dans la nature, nous trouvons des éléments qui peuvent prendre différentes formes ou avoir différents effets sur nos sens, mais qui restent un.

Par exemple, l'eau peut avoir trois formes différentes. L'eau peut être convertie en vapeur ou en gaz invisible en étant chauffée. La glace constitue la forme cristalline de l'eau, solidifiée par les températures froides. Quelle que soit sa forme (eau, vapeur ou glace), c'est toujours de l'eau.

Le soleil constitue un autre exemple tiré de la nature. D'après les scientifiques, nul n'a réellement pu voir le soleil car sa luminosité est tellement puissante. Lorsque nous regardons le soleil, nous ne voyons pas l'étoile elle-même, mais nous pouvons clairement voir ses rayons qui brillent sur terre. A partir du soleil, par ses rayons, nous avons la lumière et la chaleur, et quelque chose de mystérieux se produit pour faire grandir les plantes (par le processus de photosynthèse). Nous pouvons conclure que le soleil est le soleil – une entité. Pourtant, le soleil est lumière ; le soleil est chaleur ; et le soleil est source de vie et de croissance. Tout ceci est vrai sans aucune contradiction. C'est toujours le soleil.

Bien que ces illustrations tirées de la création puissent nous aider à comprendre l'idée de Dieu Un – Père, Fils, Saint-Esprit – elles ne sont pas suffisantes. Nous ne pouvons pas décider qui Dieu est et ce à quoi Il ressemble en nous basant sur ce que nos yeux voient, ce que nos oreilles entendent et ce que nos mains touchent. Nous devons placer notre foi en Dieu Lui-même. Nous devons choisir de croire ce que Sa Parole nous dit à son sujet.

Nous sommes appelés à passer nos vies à Le chercher et à mieux Le connaître, à lire la Bible et à Lui obéir. Comment pouvons-nous Le comprendre sans Le connaître et L'aimer ? Comment pouvons-nous Le voir sans Le croire et Lui obéir ? Personne ne peut réellement expliquer Dieu à quelqu'un d'autre. Chacun doit Le chercher et Le connaître personnellement. *Or, sans la foi, il est impossible de Lui plaire ; celui qui s'approche de Dieu doit croire qu'Il existe et qu'Il récompense ceux qui Le cherchent (Hébreux 11:6).*

REFLEXION
Nommez les trois personnes de la Trinité. D'après Hébreux 11:6, comment pouvons-nous réellement connaître Dieu ?

Jour 3
Jésus est Dieu

Lorsque nous cherchons Dieu ardemment, nous Le trouvons par Jésus-Christ. Avant d'aborder le reste de ce chapitre, penchons-nous brièvement sur les affirmations de Jésus. En tant que chrétiens, nous devons croire qu'Il est Celui qu'Il prétend être, car Lui-même nous affirme sa divinité.

Peu de gens soutiendront qu'un homme du nom de Jésus de Nazareth n'a jamais existé. Il existe de nombreux anciens écrits, tant religieux que séculiers, qui confirment Sa place dans l'histoire. Pourtant, beaucoup prétendront qu'Il n'était qu'un homme bon ou un prophète. Beaucoup croient qu'Il n'était qu'un simple homme, de chair et de sang, comme nous autres. Les chefs religieux de l'époque de Jésus pensaient la même chose, et ils voulaient Le lapider. Les paroles que Jésus disait les rendaient furieux (voir Jean 10:24-38) parce que Jésus affirmait courageusement qu'Il était Dieu. Ils L'ont accusé de blasphème. Car seul Dieu a le droit de dire qu'Il est Dieu.

Comment pouvons-nous savoir si Jésus est bien Celui qu'Il prétendait être ? Les réponses de Jésus à ceux qui voulaient le lapider indiquent quatre raisons qui nous confirment que Jésus est bien Dieu :

Les Ecritures : Jésus a continuellement fait référence et validé les Ecritures. Il connaissait les Ecritures et y obéissait. Il a accompli toutes les prophéties liées au Messie.

La Filiation : En accord avec les prophéties, Jésus est né d'une vierge à Bethlehem. Jésus appelait Dieu « Père » et soulignait sa relation unique avec Lui en tant que Son Fils unique.

Ses actions : Jésus a dit à ses accusateurs de ne pas Le croire à moins qu'Il ne fasse ce que Son Père fait. Toute la vie de Jésus a été caractérisée par une conscience constante de la volonté de Son Père. Il disait et faisait ce que le Père disait et faisait. Bien que beaucoup aient voulu L'accuser, ils n'ont jamais pu le faire car il n'a jamais commis de péché.

Ses miracles : Si rien de tout cela ne nous persuade de croire, ses miracles devraient pouvoir le faire. Il a rendu la vue aux aveugles, l'ouïe aux sourds, Il a fait marcher les paralytiques, guéri les lépreux et rendu la santé à de nombreuses personnes. Les démons Lui étaient soumis sans hésitation, sachant qui Il était. Il avait autorité sur la nature, pouvant même calmer une tempête d'une simple parole. Il a changé l'eau en vin et multiplié le repas d'un enfant pour nourrir des multitudes. Il a marché sur l'eau. Il a fait des prédictions exactes sur ce que les gens allaient faire et sur les événements qui allaient se produire. Et le plus important de tous, Christ est ressuscité des morts. La mort n'a pas pu régner sur Lui ! La résurrection de Jésus est la preuve réelle, la démonstration de sa divinité.

Il est intéressant de voir qu'en plus de toutes ses affirmations et de la démonstration de sa puissance, Jésus n'a jamais nié que Dieu est Un. Il a simplement dit que Lui et le Père sont un. Jésus n'était pas qu'un simple homme ou un prophète. Jésus est Celui qu'Il prétendait être. Il est le Fils de Dieu. Il est un avec le Père. A cause de qui Il est, Jésus a pu réconcilier le monde avec le Père.

REFLEXION
Ecrivez les quatre raisons qui confirment que Jésus est bien Celui qu'Il affirmait être. Jésus a-t-il jamais nié être Un avec Dieu ?

Jour 4
La parole de Dieu est vie pour nous

Dieu veut que nous Le connaissions. Les Ecritures nous disent dans Apocalypse 3:20 : *Voici : je me tiens à la porte et je frappe. Si quelqu'un entend ma voix et ouvre la porte, j'entrerai chez lui, je souperai avec lui et lui avec moi.* Quelle invitation ! Lorsque nous recevons Jésus, nous sommes invités à nous asseoir pour prendre un repas amical avec Lui. C'est là une image de l'intimité que Dieu souhaite avoir avec nous.

Comment pouvons-nous bâtir ce type de relation avec Lui ? Tout d'abord, nous bâtissons une relation avec le Seigneur en méditant Sa Parole. Jean 6:63 nous enseigne : *C'est l'Esprit qui vivifie. La chair ne sert de rien. Les paroles que je vous ai dites sont Esprit et vie.* De nos jours, de nombreux chrétiens se retrouvent spirituellement secs parce qu'ils n'ont pas approché la parole de Dieu comme esprit et vie. La Bible n'est pas qu'une liste de bons principes et de faits historiques ; elle est vie pour nous ! Alors que nous méditons sur Sa Parole, nous bâtissons une relation avec Lui. Il nous parle par Sa Parole.

Il y a quelques années, un de mes amis est monté dans un ascenseur et, à sa grande surprise, il s'est retrouvé à côté de Billy Graham, le célèbre évangéliste. Il n'eut que quelques secondes pour poser à Mr. Graham une rapide question : « Mr. Graham, si vous étiez un jeune homme comme moi, quel conseil me donneriez-vous ? »

L'évangéliste le regarda avec cette sincérité qui a marqué sa vie et lui dit : « Lisez la Bible et nourrissez-vous de la parole de Dieu. » L'évangéliste avait appris, en ayant marché avec le Seigneur pendant de nombreuses années, que la meilleure manière de connaître Dieu consiste à connaître Sa Parole.

En réalité, Jésus et Sa Parole sont un. *Au commencement était la Parole, et la Parole était avec Dieu, et la Parole était Dieu (Jean 1:1).* Connaître Jésus, c'est connaître Sa Parole. Aimer Jésus, c'est aimer Sa Parole. Vous ne pouvez pas séparer la parole de Dieu et Jésus-Christ. Apocalypse 19:13b nous dit… *son nom est la parole de Dieu.*

Il y a quelques années, j'ai lu le résultat d'un sondage mettant en lumière quelques constats alarmants. Il montrait qu'un quart des responsables d'église protestants ne sont pas nés de nouveau et que seule la moitié de tous les responsables d'église (53%) croient qu'il existe des vérités morales absolues.[2] C'est une des raisons qui expliquent le manque de puissance spirituelle de nombreuses églises aujourd'hui ! Si nous ne croyons pas que la Bible est la parole de Dieu – que c'est en fait Jésus qui parle à Son peuple – nous sommes dénués de toute puissance spirituelle. Dieu ne pourra pas agir surnaturellement dans nos vies. L'incrédulité va bloquer l'œuvre surnaturelle de Dieu. Même Jésus ne pouvait pas faire beaucoup de miracles dans sa ville natale à cause de l'incrédulité de certains membres de sa propre famille (Jean 7:1-5).

[2]Barna Research Online, www.barna.org, les statistiques et les analyses dans cette archive proviennent d'enquêtes conduites sur le plan national des Etats Unis par le groupe Barna Research en 1997.

REFLEXION
Que produit la parole de Dieu dans nos vies d'après Jean 6:63 ?

Jour 5
La parole de Dieu renouvelle notre intelligence

Romains 12:2 dit : Ne vous conformez pas au monde présent, mais soyez transformés par le renouvellement de l'intelligence, afin que vous discerniez quelle est la volonté de Dieu : ce qui est bon, agréable et parfait.

Que veut dire se conformer au monde présent ? Le monde mentionné ici fait référence à notre âge présent, au système de ce monde. Ce monde est assujetti au diable – le prince de ce monde (2 Corinthiens 4:4) et est par conséquent marqué par le péché et la souffrance.

Dans ce système, Satan utilise les idées, la moralité, les philosophies, les médias… de ce monde pour s'opposer au peuple de Dieu et à Sa Parole. Le système du monde est marqué par l'égoïsme et se trouve sous la domination de Satan. En contraste, le royaume de Dieu est un royaume d'amour.

Une traduction de ce verset biblique dit que nous ne devrions pas nous « mettre dans le moule du monde ». Avez-vous déjà pris une boîte de gélatine et après l'avoir mélangée avec de l'eau, vous l'avez placée dans un moule ? Si vous lui laissez le temps de se figer, la gélatine prend la forme du moule. La Bible dit que si nous ne nous séparons pas du système du monde, nous finirons moulés dans le monde, ayant la forme du monde.

Renouveler notre intelligence, c'est comme apporter une voiture avec un vieux moteur chez un mécanicien. Après que le mécanicien ait installé de nouvelles pièces, les ait graissées et les ait ajustées correctement, le moteur est comme neuf. Si nous ne renouvelons pas notre intelligence avec la parole de Dieu en étant « graissés et ajustés », nous commencerons à penser et à agir comme le système du monde qui nous entoure. En fait, la parole de Dieu purifie notre intelligence des pensées et des états d'esprit du système du monde qui nous entoure. C'est comme si nous prenions régulièrement un bain spirituel. Le fait de vivre dans ce monde nous salit spirituellement. La parole de Dieu nous lave et renouvelle notre intelligence. Ephésiens 5:26-27 nous dit : *Christ a aimé l'Église et s'est livré lui-même pour elle, afin de la sanctifier après l'avoir purifiée par l'eau et la parole.*

Dans le livre des Actes, nous lisons que l'apôtre Paul a été impressionné quand il a rencontré un groupe appelé les Béréens (Actes 17:10-11). Chaque fois que Paul prêchait, les Béréens vérifiaient dans les Ecritures pour voir si l'enseignement de Paul était en accord avec elles. Chaque fois que vous entendez la parole de Dieu prêchée, par qui que ce soit, souvenez-vous qu'elle doit être en accord avec ce que Dieu dit dans la Bible. Les hommes et les femmes sont faillibles, mais nous pouvons faire confiance à la parole de Dieu. Elle représente toujours l'autorité ultime. Nous avons besoin de l'étudier afin de connaître la vérité (2 Timothée 2:15).

REFLEXION

Comment savez-vous quand votre intelligence a besoin d'être renouvelée ? D'après Ephésiens 5:25-26, qu'est-ce que Dieu utilise pour nous laver ?

Jour 6
La parole de Dieu nous donne la force de vivre

Il y a quelques années, un de mes amis a rendu visite à l'un de ses voisins qui était malade depuis plusieurs années. Le voisin était dans un état inconscient et ne pouvait pas répondre à quiconque entrait dans la pièce. Mon ami avait pris sa Bible et il a commencé à lire la parole de Dieu. Une chose étonnante s'est alors produite. Pour la première fois depuis des semaines, l'homme a commencé à bouger. La parole de Dieu est une puissance de vie... *La parole de Dieu est vivante, elle est pleine de force (Hébreux 4:12, Parole de Vie).*

Apprendre à communier avec Dieu

Jésus avait réalisé que la clé pour Sa vie consistait à connaître la parole de Dieu et à communiquer avec Son Père dans les Cieux. Dieu nous a donné la Bible afin que nous puissions connaître Sa Parole, l'appliquer dans nos vies et vaincre l'ennemi. Le fait de prendre du temps quotidiennement pour communier avec Dieu et pour lire Sa Parole va nous protéger des mensonges de l'ennemi. Lorsque Jésus a été tenté dans le désert, il a répondu au diable dans Matthieu 4:4 : *Il est écrit : L'homme ne vit pas de pain seulement, mais de toute parole qui sort de la bouche de Dieu.*

Si je reçois un e-mail d'une personne, c'est une communication directe de cette personne. Lorsque nous lisons la parole de Dieu, Dieu nous parle clairement. Jésus et Sa Parole sont un (Jean 1:2).

Un problème courant que de nombreux chrétiens rencontrent est de trouver le temps pour lire et méditer la parole de Dieu chaque jour. Le diable et les démons de l'enfer vont faire tout ce qu'ils peuvent pour empêcher un chrétien d'étudier les Ecritures et de communiquer avec le Seigneur par Sa Parole. Dieu nous invite à mettre à part un moment spécifique pour prier et lire Sa Parole chaque jour. Prenons ce moment au sérieux et planifions-le. Il ne va pas se mettre en place tout seul.

Lire un passage biblique en mangeant votre bol de céréale pendant le petit-déjeuner, puis prier deux minutes en vous rendant au travail ou à l'école ne constitue pas vraiment un temps de communion avec Jésus ! Mais il faut bien commencer quelque part. Commencez par lire quelques versets chaque jour et attendez-vous à ce que le Seigneur vous parle. Prenez le temps d'être avec votre ami Jésus. Alors que vous grandirez dans le Seigneur, vous passerez davantage de temps avec Lui.

J'ai découvert qu'en lisant un ou deux chapitres du Nouveau Testament et deux ou trois chapitres de l'Ancien chaque jour, je pouvais lire la Bible entièrement en une année. Mais ce n'est pas comme ça que j'ai commencé en tant que jeune chrétien. J'ai commencé avec ce que je pouvais gérer – quelques minutes par jour.

Ceux qui ne passent pas de temps quotiennement dans la parole de Dieu deviennent faibles. Que se passe-t-il si vous ne mangez pas de nourriture pendant quelques jours ? Vous devenez physiquement faibles. Si nous ne méditons pas la parole de Dieu chaque jour, nous devenons spirituellement faibles.

Lorsque nous sommes nés de nouveau et que nous recevons Jésus-Christ par la foi, notre esprit est régénéré par l'Esprit de Dieu. Notre âme, notre pensée, notre volonté et nos émotions sont renouvelées chaque jour par la parole de Dieu alors que nous la méditons.

REFLEXION
Quelle est la puissance de la parole de Dieu ? Comment nourrissez-vous votre esprit afin qu'il puisse croître ?

Jour 7
Méditer la parole de Dieu

Nous avons besoin de Jésus et de Sa Parole dans nos vies chaque jour. Sans Lui, nous ne pouvons absolument rien faire, mais avec Lui, nous pouvons tout faire (Philippiens 4:13). Lorsque la parole de Dieu ne circule pas dans ma vie, alimentée par une étude quotidienne et par la prière, je m'affaiblis spirituellement. Je n'arrive pas à faire les choses que Dieu m'appelle à faire. Jésus promet dans Jean 15:4-5 : *Demeurez en moi, comme moi en vous. De même que le sarment ne peut de lui-même porter du fruit, s'il ne demeure sur le cep, de même vous non plus, si vous ne demeurez en moi. Moi, je suis le cep ; vous, les sarments. Celui qui demeure en moi, comme moi en lui, porte beaucoup de fruit, car sans moi, vous ne pouvez rien faire.*

Alors que nous permettons à la vie de Dieu de venir en nous lorsque nous communions quotidiennement avec Lui par Sa Parole, nos vies vont porter du fruit spirituel. Et c'est exactement ce que le Seigneur nous appelle à faire – porter du fruit.

La traduction de Proverbes 14:14 dans la Living Bible nous dit : « Le rétrograde s'ennuie, mais la vie de l'homme de Dieu est enthousiasmante. » Nos vies sont pleines d'enthousiasme alors que nous apprenons à connaître Dieu et à faire l'expérience de Sa Parole qui nous aide à surmonter des obstacles dans nos vies. Les gens qui nous entourent devraient dire. « Qu'avez-vous en plus ? Je le veux aussi ! » Alors que nous méditons la parole de Dieu, Il fait grandir la foi dans nos vies afin que nous puissions faire ce qu'Il nous appelle à faire. Nous devrions méditer Sa Parole jour et nuit. *Mais qui trouve son plaisir dans la loi de l'Éternel, et qui médite sa loi jour et nuit ! Il est comme un arbre planté près d'un cours d'eau, qui donne son fruit en son temps, et dont le feuillage ne se flétrit pas : Tout ce qu'il fait réussit (Psaume 1:2-3).*

Le mot méditer signifie littéralement faire tourner quelque chose continuellement dans nos pensées. Mémoriser la Parole fait partie de ce processus de méditation. Lorsque vous et moi mangeons de la nourriture physique, cette nourriture se transforme en os, en sang et en tissu dans nos corps. Lorsque nous méditons la parole de Dieu, elle devient spirituellement une partie de nos vies. Nous commençons à agir et à réagir comme Jésus grâce à la puissance contenue dans Sa Parole. La Bible nous dit dans Galates 5:22 : *Mais le fruit de l'Esprit est : amour, joie, paix, patience, bonté, bienveillance, fidélité, douceur, maîtrise de soi...*

Tout le fruit du Saint-Esprit deviendra une part très active de nos vies lorsque nous méditons la parole de Dieu chaque jour et que nous communions avec Lui. Méditez-vous la parole de Dieu chaque jour ? Si ce n'est pas le cas, aujourd'hui est un bon jour pour commencer.

REFLEXION

Quelles sont les qualités de Galates 5:22 produites dans votre vie par la méditation de la parole de Dieu ?

CHAPITRE 2

Connaître Dieu par la prière et l'adoration

VERSET CLÉ À MÉMORISER

Mais l'heure vient — et c'est maintenant — où les vrais adorateurs adoreront le Père en esprit et en vérité ; car ce sont de tels adorateurs que le Père recherche. Dieu est esprit, et il faut que ceux qui l'adorent, l'adorent en esprit et en vérité.

Jean 4:23-24

Jour 1

La prière, notre ligne de communication avec Dieu

Après la méditation de la parole de Dieu, la prière constitue un autre moyen par lequel nous pouvons grandir quotidiennement dans notre communion avec le Seigneur. Le Seigneur désire communiquer avec nous ! Ephésiens 6:18 nous dit : *Priez en tout temps par l'Esprit, avec toutes sortes de prières et de supplications. Veillez-y avec une entière persévérance. Priez pour tous les saints.*

La prière est notre ligne de communication avec Dieu. Pendant la guerre, si un bataillon perdait le contact avec le quartier général, les soldats étaient en sérieux danger, devenant bien plus vulnérables face à l'ennemi. Il en va souvent de même dans nos vies chrétiennes. Nous sommes dans une guerre spirituelle. Le diable tente constamment de couper notre ligne de communication avec Dieu.

La prière est simple, c'est nous qui la rendons compliquée. Dieu ne nous a pas demandé de faire des prières sophistiquées. La prière, c'est simplement la communication avec Lui. Cela consiste à parler avec Dieu, à partager nos cœurs et à écouter. Dieu souhaite que nous Lui parlions de la même façon que nous parlons à notre ami le plus intime. J'écris souvent mes prières, puis je peux rendre grâce à Dieu quand je vois qu'Il les a exaucées. Lorsque nous savons que Dieu répond à la prière, cela construit notre foi.

La prière peut prendre plusieurs formes. Nous pouvons prier dans notre langue maternelle (français, anglais, espagnol, swahili…) ou prier en langues (notre langage de prière entre nous et Dieu utilisée pour édifier notre vie spirituelle). Paul fait référence à ces deux moyens lorsqu'il décrit sa propre vie de prière dans 1 Corinthiens 14:15 : *Que faire donc ? Je prierai par l'esprit, mais je prierai aussi avec l'intelligence ; je chanterai par l'esprit, mais je chanterai aussi avec l'intelligence.*

Paul priait par l'esprit, mais il priait aussi avec son intelligence. En d'autres termes, un croyant peut prier par l'esprit (en langues) selon ce que le Saint-Esprit lui donne d'exprimer (1 Corinthiens 12:7, 11 ; Actes 2:4) ou prier avec son intelligence (dans une langue connue) également sous l'impulsion du Saint-Esprit.

Lorsque nos esprits prient dans notre langue céleste (en langues), nous court-circuitons le diable en utilisant une ligne de prière directe que Dieu nous a donnée (1 Corinthiens 14:2). Il est tout aussi important de prier dans notre propre langue des prières inspirées par Dieu. Les deux sont nécessaires ! (Pour en savoir davantage sur la prière en langues, voir Fondements Bibliques 3, Les baptêmes du Nouveau Testament).

REFLEXION
Décrivez ce qu'est la prière avec vos propres mots. D'après 1 Corinthiens 14:15, quelles sont les deux façons de prier pour un croyant ?

Jour 2
Seigneur, enseigne-nous à prier

Jésus vivait un style de vie de prière. Il était en communication et en communion constante avec Son Père céleste.

Mais lui se retirait dans les déserts et priait (Luc 5:16).

... En ce temps-là, Jésus se rendit à la montagne pour prier, et il passa toute la nuit dans la prière à Dieu (Luc 6:12).

Les disciples voyaient la vie de prière de Jésus et aspiraient à grandir eux aussi dans ce style de vie. *Jésus priait un jour en un certain lieu. Lorsqu'il eut achevé, un de ses disciples lui dit : Seigneur, enseigne-nous à prier, comme Jean l'a enseigné à ses disciples (Luc 11:1).*

A ma connaissance, la seule chose que les disciples aient jamais demandé à Jésus de leur enseigner a été de prier. Ils avaient vu comment Jésus priait en secret. Chaque fois que Jésus était impliqué avec des gens, ils étaient témoins des miracles et des événements magnifiques qui se produisaient par sa vie et son ministère. Ils savaient bien qu'il y avait un lien direct entre sa communication avec son Père céleste et ces événements surnaturels. Jésus montrait l'exemple dans l'écoute de la voix du Saint-Esprit pour le diriger dans chaque situation. Son Père céleste lui donnait la capacité de toujours savoir où aller, à qui parler et qui servir.

John Wesley, le fondateur de l'église méthodiste, a dit une fois : « Donnez-moi cent prédicateurs qui n'ont peur de rien sauf du péché et qui ne désirent rien si ce n'est Dieu. Je me fiche qu'ils soient membres du clergé ou laïcs. Ce n'est qu'avec de tels hommes que les portes de l'enfer seront ébranlées et que le royaume de Dieu sera établi sur la terre. Dieu ne fait rien si ce n'est en réponse à la prière. » Wesley savait que Dieu utilise la prière dans nos vies pour accomplir ses desseins.

REFLEXION
Pourquoi Jésus se retirait-il du monde pour communier avec Dieu ? Pourquoi les disciples voulaient-ils apprendre à prier comme Jésus ?

Jour 3
Une prière modèle

Jésus a donné à ses disciples une prière modèle, que nous appelons le Notre Père. Le but de cette prière était de nous enseigner comment prier. Jésus dit dans Matthieu 6:9-13 : *Voici donc comment vous devez prier : Notre Père qui es aux cieux ! Que ton nom soit sanctifié. Que ton règne vienne ; que ta volonté soit faite sur la terre comme au ciel. Donne-nous aujourd'hui notre pain quotidien, pardonne-nous nos offenses comme nous pardonnons aussi à ceux qui nous ont offensés. Ne nous laisse pas entrer dans la tentation, mais délivre-nous du Malin. Car c'est à toi qu'appartiennent, dans tous les siècles, le règne, la puissance et la gloire. Amen !*

Cette prière m'a aidé à prier pendant près de trente-cinq ans de marche avec Jésus. Lorsque Jésus dit : « Notre Père qui es aux cieux ! Que ton nom soit sanctifié, » il dit simplement : « Père, Ton nom est saint. Nous élevons Ton nom. »

Jésus déclare : « Que ton règne vienne. » Nous devrions également déclarer que Son règne vienne et que Sa volonté soit faite sur la terre comme au ciel. Nous pouvons déclarer que le royaume de Dieu va venir et que sa volonté sera accomplie dans nos familles, nos communautés, notre église, nos écoles, nos places de travail, nos petits groupes, et littéralement partout où nous allons. Lorsque nous prions : « Donne-nous aujourd'hui notre pain quotidien, » nous demandons à Dieu de pourvoir à nos besoins. Dieu veut que nous demandions. Il nous rappelle que nous « ne possédons pas car nous ne demandons pas » (Jacques 4:2).

Lorsque Jésus priait : « Pardonne-nous nos offenses comme nous pardonnons aussi à ceux qui nous ont offensés, » il renforce la vérité que nous devons pardonner tous ceux qui ont péché contre nous. Si nous ne pardonnons pas, Dieu ne peut pas nous pardonner non plus (Matthieu 6:14-15).

Lorsque nous déclarons : « Ne nous laisse pas entrer dans la tentation, mais délivre-nous du Malin, » nous nous rappelons la vérité que le Seigneur nous a appelés à résister face aux puissances des ténèbres au nom de Jésus. C'est pourquoi la parole de Dieu nous dit que nous devrions résister au diable et qu'il fuira loin de nous (Jacques 4:7). Jésus conclut cette prière modèle en déclarant : « Car c'est à toi qu'appartiennent, dans tous les siècles, le règne, la puissance et la gloire. Amen ! » Le Notre Père commence et se termine en rendant honneur et gloire à notre Dieu par Jésus-Christ. Nous pouvons suivre son exemple.

REFLEXION
Qu'avez-vous appris sur la prière en étudiant ce modèle ?

Jour 4
Faites connaître vos requêtes

La Bible nous enseigne à prier sans cesse (1 Thessaloniciens 5:17). Nous devons être constamment dans une attitude de prière pendant toute la journée, que nous soyons au travail, à la maison, à l'école ou que nous passions du temps avec des amis. Nous pouvons prier en nous rendant au bureau ou en tondant la pelouse. Jésus nous donne ce conseil dans Luc 11:9-10 : *Et moi, je vous dis : Demandez et l'on vous donnera ; cherchez, et vous trouverez ; frappez, et l'on vous ouvrira. Car quiconque demande reçoit, celui qui cherche trouve, et à celui qui frappe on ouvrira.* Si vous perdiez un chèque avec le salaire d'une semaine de travail, combien de temps passeriez-vous à le chercher ? Vous le chercheriez probablement jusqu'à ce que vous le trouviez. Nous avons besoin de cette même ténacité dans nos prières. Nous devons continuer de demander et de remercier Dieu pour Ses réponses jusqu'à ce que nous recevions une réponse à nos prières. Dieu peut répondre par « oui », « non » ou « attends ».

Je suis étonné de la façon dont Dieu répond à presque toutes les prières qu'un nouveau chrétien peut faire. Lorsque des bébés naissent dans nos familles, ils reçoivent une attention constante chaque fois qu'ils pleurent. Lorsqu'ils commencent à grandir et à mûrir, ils ne reçoivent plus automatiquement ce qu'ils demandent. De même, alors que nous croissons dans le Seigneur, nous ne verrons peut-être pas toujours nos prières exaucées. Le Seigneur veut nous donner ce qui est le meilleur pour nous, pas forcément ce que nous voulons.

Dieu nous enseigne à refuser l'anxiété alors que nous Lui parlons et que nous marchons avec Lui dans une attitude constante de reconnaissance. Philippiens 4:6 nous le rappelle : *Ne vous inquiétez de rien ; mais, en toutes choses, par la prière et la supplication, avec des actions de grâces, faites connaître à Dieu vos demandes.*

Il y a quelques années, ma famille s'est retrouvée dans des difficultés financières. Nous vivions avec un très petit budget et nous obéissions au Seigneur dans tout ce que nous pouvions. Un jour, je priais pour que le Seigneur pourvoie à nos besoins financiers. J'ai ouvert la porte de notre maison pour me rendre au travail, et j'ai vu devant mes yeux un phénomène des plus incroyables. Il y avait de l'argent partout ! Sur la pelouse, sur le porche et tout autour de la maison – même sur la pelouse de derrière ! Vous demanderez peut-être : « Comment cet argent est-il arrivé là ? » Je n'en ai aucune idée. Cela s'est-il reproduit à une autre reprise ? Non, mais je ne l'oublierai jamais. Tout ce que je sais, c'est que Dieu l'a fait, et que c'était une bénédiction pour nous. Dieu est un Dieu surnaturel qui répond aux prières de manière surnaturelle.

REFLEXION
Quelles sont les trois réponses possibles à nos prières ?
Comment pouvons-nous éliminer l'anxiété de nos vies, selon Philippiens 4:6 ?

Jour 5
La louange et l'adoration nous amènent au Père

La communion avec Dieu ne comprend pas que la méditation de Sa Parole et la prière, mais aussi *l'adoration et la louange.* Louer Dieu signifie *répondre à Dieu pour ce qu'Il a fait.* Louez Dieu pour les choses spécifiques qu'Il a faites dans votre vie.

Adorer Dieu, c'est se concentrer davantage sur *qui Dieu est* – sur Sa personne. Nous le remercions parce qu'Il est Dieu. Tout le monde adore quelque chose. Certaines personnes s'adorent elles-mêmes. D'autres adorent leur travail, leur moto, leur sport ou leur conjoint. Nous sommes appelés à adorer Dieu seul. Le mot anglais pour adoration, *worship*, vient d'un vieux mot anglo-saxon, *weorthsceipe*, qui signifie *attribuer de la valeur à notre Dieu*. Lui seul est digne de gloire et de louange. La Bible dit dans Jean 4:23-24 que nous devons adorer avec notre cœur, cela ne peut pas être une simple forme, car... *l'heure vient — et c'est maintenant — où les vrais adorateurs adoreront le Père en esprit et en vérité ; car ce sont de tels adorateurs que le Père recherche. Dieu est esprit, et il faut que ceux qui l'adorent, l'adorent en esprit et en vérité.*

Je dois reconnaître que je n'ai pas toujours envie d'adorer Dieu. Louer ou adorer le Seigneur ne dépend pas de nos émotions ou de nos envies, mais d'une décision que nous faisons. Dieu est digne de toute gloire *et de toute louange. La Bible dit que nous devrions Lui offrir un sacrifice de louange. Par lui, offrons sans cesse à Dieu un sacrifice de louange, c'est-à-dire le fruit de lèvres qui confessent son nom (Hébreux 13:15).*

Le tabernacle de David dans l'Ancien Testament était connu comme un lieu de liberté dans la louange et l'adoration. Dieu va rebâtir le tabernacle de David dans les derniers jours (Actes 15:16). C'est pourquoi Dieu redonne la liberté d'adorer à son Eglise aujourd'hui.

La musique constitue une forme basique de louange. La musique était si importante à l'époque de David qu'il avait établi des personnes avec des instruments pour louer et adorer le Seigneur (1 Chroniques 15:16 ; 16:5-6). Dieu restaure la louange et l'adoration dans son Eglise aujourd'hui. L'intention originelle de Dieu de voir une louange débridée va être restaurée dans son Eglise.

Nous avons besoin de vivre des moments de louange et d'adoration privés dans nos temps seuls avec le Seigneur. De la même façon que la lune reflète la gloire du soleil, nous allons refléter la gloire de Dieu dans nos vies alors que nous passons du temps à l'adorer. Le livre des Psaumes est rempli de chants de louange à notre Dieu. Je vous encourage à lire le livre des Psaumes, à commencer à chanter ces Psaumes, à composer vos propres chants et à les utiliser pour adorer Dieu.

REFLEXION
Expliquez la différence entre la louange et l'adoration. Qu'est-ce qu'un véritable adorateur selon Jean 4:23-24 ?

Jour 6
Il est digne de recevoir notre louange

Le Ciel est un endroit qui sera caractérisé par la louange et l'adoration ! Apocalypse 5:11-12 décrit cette scène fascinante : *Je regardai et j'entendis la voix de beaucoup d'anges autour du trône, des êtres vivants et des anciens, et leur nombre était des myriades de myriades et des milliers de milliers. Ils disaient d'une voix forte : L'Agneau qui a été immolé est digne de recevoir puissance, richesse, sagesse, force, honneur, gloire et louange.*

Certaines personnes pensent que l'adoration devrait être calme. Il y a des moments pour adorer Dieu dans le silence, mais la Bible nous encourage également à adorer Dieu avec des cris de joie (Psaume 47:1). Vous pouvez aller voir un match de football avec de milliers de spectateurs excités par une morceau de cuir qui se déplace sur le terrain. Réfléchissez un instant combien le fait que Jésus-Christ soit allé sur la croix et ait donné Sa vie pour vous est encore plus enthousiasmant ! C'est pour cela que nous crions à Dieu, que nous Le louons et que nous Le bénissons – Il est digne de recevoir la louange qui Lui revient à Lui seul !

Nous adorons Dieu ici sur terre en préparation pour le Ciel. Je ne veux certainement pas être une personne spirituellement morte qui ne peut pas louer le Seigneur. *Ce ne sont pas les morts qui louent l'Éternel, ni aucun de ceux qui descendent dans le lieu du silence (Psaume 115:17).*

Bien que je ne sois pas une personne très émotionnelle, quand je réalise ce que Jésus-Christ a fait pour moi, mon esprit, mon âme et mon corps commencent à exprimer la louange et l'adoration pour mon Dieu. D'après les Ecritures, les démons de l'enfer peuvent être liés (attachés spirituellement) par notre louange et notre adoration. Le Psaume 149:6-8 dit : *Que les louanges de Dieu soient dans leur bouche, et l'épée à deux tranchants dans leur main, pour exercer la vengeance sur les nations, des châtiments parmi les peuples, pour lier leurs rois avec des chaînes et leurs dignitaires avec des entraves.*

Que nous soyons seuls, en petit groupe ou avec des milliers de personnes, les démons tremblent lorsque le peuple de Dieu communie avec Lui par la louange et l'adoration.

Dieu habite les louanges de son peuple, il y vit et se manifeste. *Pourtant tu es le Saint, tu habites les louanges d'Israël (Psaume 22:4).*

REFLEXION
Que se passe-t-il quand nous louons Dieu, d'après le Psaume 149:6-8 ? Comment Dieu habite-t-Il nos louanges ?

Jour 7
Exprimer notre adoration

Il existe de nombreuses façons d'exprimer notre louange et notre adoration. Voici quelques-unes des expressions mentionnées dans les Ecritures. Tout d'abord, nous pouvons nous prosterner devant le Seigneur. *Venez, prosternons-nous, courbons-nous, fléchissons le genou devant l'Éternel qui nous a faits (Psaume 95:6).*

Nous pouvons nous tenir debout et adorer notre Dieu comme la multitude décrite dans Apocalypse 7:9-10 : *Après cela je vis : C'était une foule immense que nul ne pouvait dénombrer, de toutes nations, tribus, peuples et langues. Ils se tenaient debout devant le trône et devant l'agneau, vêtus de robes blanches et des palmes à la main. Ils proclamaient à haute voix : Le salut est à notre Dieu qui siège sur le trône et à l'agneau.*

Les Ecritures décrivent également des situations où Dieu nous appelle à lever les mains vers Lui. *Je veux donc que les hommes prient en tout lieu, en élevant des mains pures, sans colère ni contestation (1 Timothée 2:8).*

D'autres passages nous parlent de nous tenir paisiblement devant Dieu. *Arrêtez, et reconnaissez que je suis Dieu : Je domine sur les nations, je domine sur la terre (Psaume 46:11).*

Nous sommes aussi encouragés à Le louer avec nos instruments. *Louez-le avec la sonnerie du cor ! Louez-le avec le luth et la harpe ! Louez-le avec le tambourin et avec des danses ! Louez-le avec les instruments à cordes et le chalumeau ! Louez-le avec les cymbales sonores ! Louez-le avec les cymbales éclatantes ! (Psaume 150:3-5).*

Nous pouvons également louer le Seigneur par nos danses. Le mot danse en hébreux signifie *lever les pieds*. David a dansé devant le Seigneur dans l'Ancien Testament. Le diable s'est emparé de la danse et l'a rendue sensuelle, mais Dieu restaure la danse dans son Eglise dans la pureté par la louange et l'adoration de notre Roi Jésus. Le Psaume 149:3 dit : *Qu'ils louent son nom avec des danses, qu'ils psalmodient en son honneur avec le tambourin et la harpe !*

Dieu nous appelle aussi à chanter des chants nouveaux. Chanter un chant nouveau, c'est simplement demander à Dieu de nous donner une mélodie, puis permettre au Saint-Esprit de nous donner les paroles. Nous pouvons également prendre les paroles directement dans les Ecritures et les chanter au Seigneur. *Louez l'Éternel ! Chantez à l'Éternel un cantique nouveau ! Chantez sa louange dans l'assemblée des fidèles ! (Psaume 149:1).*

Les Ecritures parlent aussi de taper des mains et de crier pour le Seigneur. Rappelez-vous lorsque le peuple de Dieu tournait autour de Jéricho pendant plusieurs jours de suite. Le septième jour, les murs se sont écroulés. Les démons tremblent lorsque nous crions à cause de ce que Jésus-Christ a fait et à cause de qui Il est. La Bible dit que nous devrions frapper des mains et crier de joie. *Vous tous, peuples, battez des mains ! Acclamez Dieu par des cris de joie ! (Psaume 47:2).*

Ephésiens 5:19 dit que nous devrions nous exhorter mutuellement par des psaumes, par des hymnes et par des cantiques spirituels. Lorsqu'un couple se marie, leur plus grand désir est d'être en relation l'un avec l'autre. Ceci implique tant la parole que l'écoute. Notre Dieu désire que nous soyons en communion et en relation avec Lui. Parfois, nous exprimons cette relation en était calmes et en écoutant. D'autres fois, nous parlons ou nous pleurons. Nous avons été créés pour Le louer et pour communier avec notre merveilleux Père céleste.

REFLEXION
Recensez les expressions physiques que nous pouvons utiliser dans notre adoration. Combien en utilisez-vous quand vous adorez Dieu ?

CHAPITRE 3

Comment pouvons-nous entendre la voix de Dieu

VERSET CLÉ À MÉMORISER

Confie-toi en l'Éternel de tout ton cœur,
et ne t'appuie pas sur ton intelligence ;
reconnais-le dans toutes tes voies,
et c'est lui qui aplanira tes sentiers.

Proverbes 3:5-6

Jour 1
« Est-ce Toi, Seigneur ? »

Un soir, après que j'aie enseigné dans une église, un jeune homme est venu me voir pour partager une difficulté. « Je sens que le Seigneur m'appelle sur le champ missionnaire, mais je ne suis pas sûr de devoir quitter mon emploi. J'entends différentes voix. Comment puis-je savoir laquelle vient de Dieu ? »

Une autre fois, un jeune homme est venu nous voir à la maison pour nous dire qu'il avait entendu la voix de Dieu. Il avait une expression étrange sur le visage, puis il cracha le morceau : « Le Seigneur m'a parlé aujourd'hui… et Il m'a dit de me suicider. » Je suis resté quelques secondes sans voix! Mais je savais en lisant la parole de Dieu qu'Il ne dirait jamais à qui que ce soit de se suicider. Il était clair que ce jeune homme entendait une autre voix.

Une fois, alors que je roulais sur une route de campagne, j'ai croisé un autostoppeur. J'ai senti comme si une voix me disait de faire demi-tour et de le prendre dans ma voiture. Je pensais que le Seigneur voulait que je partage ma foi avec lui. Quand je suis revenu à l'endroit où il était, il n'y avait plus personne. J'étais confus. Je pensais que le Seigneur m'avait parlé.

Les chrétiens se retrouvent parfois dans des situations où ils luttent pour entendre la voix de Dieu. Nous voulons vraiment faire ce que le Seigneur veut que nous fassions. Nous savons que nous servons un Dieu vivant qui veut nous parler, et pourtant nous luttons avec le fait que nous n'entendons souvent pas aussi clairement que nous le voudrions. Parfois nous pensons avoir entendu la voix du Seigneur et y avons répondu, pour finalement réaliser que nous nous sommes trompés. Au lieu de prier pour cela pour découvrir pourquoi nous nous sommes trompés, nous hésitons à faire des pas de foi la fois suivante. A d'autres reprises, nous nous retrouvons si impliqués dans les affaires de ce monde que nous oublions d'écouter la voix du Seigneur et de recevoir Ses instructions pour notre vécu quotidien.

Vous le savez certainement déjà, mais le Seigneur ne nous parle pas avec de la réverb. Oui, dans le film *Les dix commandements*, le Seigneur parle à Moïse avec une voix grave et pleine d'écho, mais ce ne sont que des effets sonores! Comment nous parle-t-Il réellement ? Comment pouvons-nous entendre Sa voix ?

Penchons-nous sur ce que la parole de Dieu nous dit sur l'écoute de Sa voix. Un jour, Jésus a fait ce commentaire intéressant : *Celui qui m'a envoyé est avec moi ; il ne m'a pas laissé seul, parce que moi, je fais toujours ce qui lui est agréable (Jean 8:29).* Jésus ne faisait que ce que son Père céleste lui disait de faire. Si c'était important pour Jésus d'entendre son Père céleste, il est encore plus important pour chacun d'entre nous d'entendre sa voix clairement. Poursuivons notre lecture pour découvrir comment entendre la voix de Dieu plus clairement.

REFLEXION
Pourquoi Jésus devait-il souvent parler avec son Père céleste (Jean 8:29) ? Avez-vous déjà obéi à ce que vous pensiez être la voix de Dieu pour finalement découvrir plus tard que ce n'était pas le cas ? Expliquez.

Jour 2
Reconnaître la voix de Dieu

Pour ceux qui souhaitent consulter leur Père céleste pour prendre des décisions dans la vie, Proverbes 3:5-6 promet : *Confie-toi en l'Éternel de tout ton cœur, et ne t'appuie pas sur ton intelligence ; reconnais-le dans toutes tes voies, et c'est lui qui aplanira tes sentiers.*

Après avoir servi le Seigneur pendant plus de trois décennies, je suis totalement convaincu qu'il est bien plus difficile qu'on pense de sortir de Sa volonté. Si nous perdons notre chemin, Il va nous rejoindre là où nous sommes et nous remettre sur le bon chemin, si seulement nous lui faisons vraiment confiance et nous le reconnaissons dans nos vies.

Qu'entend-on par reconnaître ? Le dictionnaire Webster le définit par : admettre l'existence, la réalité, la vérité ou exprimer sa gratitude pour. Ainsi, si nous reconnaissons un nouvel ami, nous lui parlons, nous lui exprimons notre appréciation et nous reconnaissons sa présence dans nos vies.

Imaginez que vos amis ne reconnaissent pas votre présence lorsque vous êtes ensemble. Vous essayez de leur parler, et ils vous ignorent totalement. En fait, ils parlent comme si vous n'étiez même pas présents. C'est ainsi que nous traitons le Seigneur si nous ne Le reconnaissons pas à chaque minute de nos vies. Si nous reconnaissons pas Sa présence dans nos vies, nous n'allons probablement pas entendre Sa voix comme nous le devrions.

Le Seigneur désire nous parler de nombreuses manières, et nous devons Lui permettre de le faire. Je passe beaucoup de temps à voyager autour du monde pour enseigner la Bible. La communication avec ma famille est une des choses qui me manquent le plus lorsque je suis en voyage. Le fait de passer du temps avec ma femme me manque. Cependant, grâce à l'époque technologiquement avancée dans laquelle nous vivons, je peux généralement communiquer avec elle où que je me trouve dans le monde. Peu importe si le message vient par téléphone, fax, e-mail, lettre ou SMS. Je veux juste recevoir de ses nouvelles.

Ne soyons pas trop sélectifs sur la façon dont le Seigneur nous parle. Nous devons nourrir une attitude où nous avons soif d'entendre sa voix. Ce désir vient d'une relation d'amour avec Lui. Le Seigneur va nous parler parfois par des rêves, des visions ou par une voix audible, mais ce ne sont pas les moyens qu'Il utilise en général pour nous parler. En général, le Seigneur nous parle soit par Sa Parole, soit par Son Esprit qui parle à notre esprit. Jésus nous dit que si nous demeurons dans sa Parole, nous connaîtrons la vérité... *Si vous demeurez dans ma parole, vous êtes vraiment mes disciples ; vous connaîtrez la vérité et la vérité vous rendra libres (Jean 8:31-32)*. Il nous parle par Sa Parole ! Nous ne nous tromperons jamais de chemin si nous obéissons à la parole de Dieu !

REFLEXION
Que se passe-t-il si nous reconnaissons Dieu (Proverbes 3:5-6) ? Comment Dieu nous donne-t-il la vérité et comment nous libère-t-elle (Jean 8:31-32) ?

Jour 3
La voix de Dieu est compatible avec la parole de Dieu !

Nous devons être remplis de la parole de Dieu ; si notre réservoir est plein de Sa Parole, le Saint-Esprit pourra y puiser et nous ne serons pas trompés par l'ennemi. Tout rêve, toute prophétie, vision ou voix audible qui ne s'aligne pas avec l'Ecriture ne vient pas de Dieu. L'Ecriture nous est donnée comme standard afin que nous ne nous égarions pas. 2 Timothée 3:16-17 décrit la parole de Dieu de cette façon : *Toute Écriture est inspirée de Dieu et utile pour enseigner, pour convaincre, pour redresser, pour éduquer dans la justice, afin que l'homme de Dieu soit adapté et préparé à toute œuvre bonne.*

Un homme m'a demandé une fois si je pouvais donner mon « sceau d'approbation » sur sa décision de divorcer de son épouse et d'épouser une autre femme de l'église qui, selon son impression, serait plus compatible avec lui dans son ministère. Je lui ai répondu que, quelle que soit son impression, son projet constituait une désobéissance directe au Seigneur. Comment pouvais-je en être aussi certain ? Je savais, en lisant les Ecritures dans Marc 10:11-12, qu'il commettrait un adultère.

Si nous voulons mûrir dans nos vies chrétiennes, nous apprendrons à renouveler notre intelligence avec la parole de Dieu afin de savoir comment distinguer le bien du mal. *Vous ne serez jamais capables de manger de la nourriture solide et de comprendre les choses plus profondes de la parole de Dieu jusqu'à ce que vous deveniez de meilleurs chrétiens et appreniez à discerner le bien du mal en pratiquant ce qui est juste (Hébreux 5:12-14, traduction littérale de la Living Bible).*

Dieu ne change pas. A de nombreuses reprises, pourtant, le domaine dans lequel nous avons besoin d'être conduit n'est pas en conflit direct avec les Ecritures. Nous avons peut-être besoin de découvrir les réponses à des questions telles que : Quel est le projet de Dieu pour ma carrière ? Ai-je besoin de davantage de formation ? Où devrais-je habiter ? Devrais-je acheter une maison ou une voiture ? Dans quelle université devrais-je m'inscrire ? Avec quel groupe de croyants le Seigneur m'appelle-t-Il à m'engager ? C'est le moment d'écouter la voix du Saint-Esprit qui parle à nos esprits.

REFLEXION

Quelle est la première étape pour déterminer si une pensée ou une parole vient de Dieu (2 Timothée 3:16-17) ? Comment la parole de Dieu vous est-elle utile pour cela (Hébreux 5:12-14) ?

Jour 4

Permettez au Saint-Esprit d'illuminer votre esprit

Le Seigneur désire nous parler par son Esprit. Romains 8:16 dit : *L'Esprit lui-même rend témoignage à notre esprit que nous sommes enfants de Dieu.* Et Proverbes 20:27 dit : *L'esprit de l'homme est une lampe de l'Eternel ; il sonde toutes les profondeurs du cœur.*

Votre esprit, comme votre âme, réside à l'intérieur de votre corps. Votre esprit et votre âme vivent éternellement. Votre âme comprend votre intelligence, votre volonté et vos émotions, tandis que votre esprit communique avec le Saint-Esprit.

Nous apprenons sur cette terre comment nous pouvons communiquer avec le Saint-Esprit. Très souvent, nous entendons une voix au plus profond de nous, mais nous la repoussons en pensant : « Oh, c'est juste moi. » Le Seigneur veut nous enseigner comment faire confiance au Saint-Esprit quand Il parle à notre esprit. Notre esprit est comme une lampe que le Seigneur « allume » et utilise pour nous donner une claire direction.

Nous pensons souvent qu'entendre la voix de Dieu est compliqué. Ce n'est vraiment pas aussi complexe que nous le pensons. Lorsque ma femme et moi nous préparions à devenir missionnaires en tant que jeune couple, nous avions deux choix. Notre comité missionnaire nous avait expliqué qu'il y avait deux possibilités, dans les états du Connecticut et de la Caroline du Sud. En priant, le Seigneur a placé un fardeau sur nos cœurs pour la population d'une île au large de la Caroline du Sud. Nous n'avons pas entendu le Seigneur nous parler avec une voix audible, mais notre impression n'a fait que se renforcer avec le temps. Nous savions que c'était là que Dieu nous voulait.

Nous devons nous attendre à ce que Dieu nous réponde lorsque nous le cherchons sérieusement et avons besoin qu'Il nous parle. L'Ecriture nous dit : *L'homme élabore des plans, le Seigneur en dirige la réalisation (Proverbes 16:9).* Remémorez-vous les moments dans votre vie où le Seigneur a dirigé vos pas. Parfois Dieu nous parle en plaçant un désir ou un fardeau dans nos cœurs, et nous savons que cela vient de Lui.

Vous pouvez avoir confiance en Dieu. Il parle à ceux qui Lui font totalement confiance. Alors que j'étais enfant, j'attrapais des rats musqués pendant l'hiver. Chaque matin, bien avant l'aube, j'allais inspecter mes pièges. Chaque fois que je voyais des ombres bouger ou que j'entendais des bruits étranges, j'étais mort de peur. Ces froides et sombres matinées d'hiver, le son le plus rassurant que je pouvais entendre était la voix de mon père, qui une fois ses tâches du matin terminées, m'attendait vers mon dernier piège. Le simple fait d'entendre sa voix prononcer mon nom me donnait un sentiment de paix et de sécurité.

Jésus nous enseigne à entendre Sa voix. Il nous dit, dans Jean 10:4, que la brebis entend la voix du berger. *Lorsqu'il a fait sortir toutes celles qui lui appartiennent, il marche devant elles ; et les brebis le suivent, parce qu'elles connaissent sa voix.* Les brebis entendent toutes sortes de voix ; cependant, elles ne suivront pas la voix d'un étranger. Les brebis ont été entraînées à ne suivre que la voix de leur berger.

REFLEXION
Quels sont quelques-uns des moyens que Dieu a utilisés pour vous parler par son Saint-Esprit ? Reconnaissez-vous toujours la voix du Berger ?

Jour 5
Attention aux autres voix

Quand je suis devenu chrétien, je pensais qu'à partir de ce jour je n'allais entendre plus que la voix de Dieu. Eh bien, quel choc ! J'entendais en fait toutes sortes de voix dans ma tête. J'ai bientôt réalisé que certaines de ces voix n'étaient certainement pas la voix du Saint-Esprit. Le temps passant, l'expérience m'a enseigné qu'une personne peut entendre au moins quatre différentes sortes de voix. Si nous n'entendons pas la voix de Dieu, nous entendons notre propre voix, celle des autres, voire même parfois celle de l'ennemi. Comment pouvons-nous savoir quelle sorte de voix résonne à l'intérieur de nous ?

Notre propre voix. Parlons d'abord de notre propre voix. Souvenez-vous, notre âme est constituée de notre intelligence, de notre volonté et de nos émotions. Ainsi, les décisions que nous

Apprendre à communier avec Dieu

prenons trouvent souvent leur origine dans nos croyances qui se manifestent au travers de nos sentiments et de nos émotions. Cela comprend nos préférences et nos désirs personnels, comme le fait de savoir si oui ou non nous aimons les pizzas, quelle est notre équipe de foot préférée, ou si nous aimons faire du shopping, chasser des cerfs ou la tarte aux cerises. Ces choses ne sont pas fausses, mais ce sont des préférences personnelles, pas la voix de Dieu. A de nombreuses reprises, les chrétiens confondent leurs propres désirs avec la voix du Seigneur.

La voix des autres. Au lieu de la voix de Dieu, nous pouvons aussi entendre la voix des autres personnes qui rivalisent pour avoir notre attention. 2 Corinthiens 10:5 nous dit : *Nous renversons les raisonnements et toute hauteur qui s'élèvent contre la connaissance de Dieu, et nous amenons toute pensée captive à l'obéissance au Christ.*

Les voix que nous entendons ont souvent été placées en nous par ceux qui tentent de nous vendre leurs produits ou leurs philosophies. Chaque fois que ces pensées et ces opinions sont hostiles à la parole de Dieu, nous devons les renverser.

Il est parfois difficile de savoir si nous avons correctement entendu le Seigneur et si les autres l'ont également entendu correctement. Il nous est dit dans 1 Jean 4:1 que nous devons tester ou éprouver les « esprits ». Si un autre croyant vous transmet une parole de Dieu pour vous, testez-la. Demandez à Dieu de confirmer si elle vient réellement de Lui. Si vous avez des doutes, allez trouver votre pasteur ou un autre responsable chrétien. Demandez-lui de prier avec vous à ce sujet.

REFLEXION
Comment « amener toute pensée captive à l'obéissance de Christ » ?

Jour 6
Le discours de l'ennemi vs. le murmure doux et léger

La voix de l'ennemi. Un troisième voix que nous pouvons entendre au lieu de la voix de Dieu est la voix de l'ennemi. Le diable ne nous apparaît pas en collants rouges avec une longue queue. Il vient très subtilement comme un ange de lumière (2 Corinthiens

11:4). Il peut utiliser des gens bien-intentionnés pour prononcer des paroles qui peuvent saper notre foi. Ou il peut placer des pensées dans notre tête qui sont contraires à la parole de Dieu.

Combien de fois avez-vous décidé de vous mettre à étudier la Parole et une voix vous rappelle qu'il y a des tâches à terminer au plus vite ? Dites au diable les mêmes paroles avec lesquelles Jésus lui a répondu : « Il est écrit. » Résistez-lui au nom de Jésus, il fuira loin de vous !

A une certaine époque de ma vie, chaque fois que je conduisais ma voiture, l'ennemi tentait de m'enfermer dans un nuage de dépression. J'avais pris l'habitude de crier : *Celui qui est en moi est plus grand que celui qui est dans le monde (1 Jean 4:4)*. En quelques minutes, toute l'atmosphère de la voiture changeait. La présence du Seigneur remplaçait la présence de l'ennemi. J'imposais silence à l'ennemi en proclamant la vérité de la parole de Dieu.

La voix de Dieu. La voix que nous voulons vraiment entendre, celle à laquelle nous voulons obéir, c'est celle de Dieu qui parle à notre esprit. Nous appelons souvent la voix du Seigneur un « murmure doux et léger ». Cette expression vient de l'histoire d'Elie dans 1 Rois 19:11-13, lorsque Dieu lui a parlé « dans un murmure doux et léger ». Nous cherchons souvent à ce que Dieu nous parle par une grosse voix impressionnante. Mais Il parle généralement par son Esprit, au plus profond de notre esprit.

Le Psaume 46:10 dit : *Arrêtez, et sachez que je suis Dieu.* Il est important de prendre le temps de nous arrêter et d'écouter. Si vous êtes avec un ami proche et que vous ne faites que parler sans jamais écouter, la relation est unilatérale. Dans nos prières, nous devons parler à Dieu, mais nous devons aussi l'écouter.

La plupart des décisions importantes de ma vie ont été prises suite à l'écoute de ce « murmure doux et léger ». Lorsque le Seigneur m'a demandé de m'impliquer dans l'implantation d'églises par des petits groupes, Il m'a posé la question suivante : « Es-tu prêt à t'impliquer dans l'église souterraine ? » Ce n'était pas une voix tonitruante dans un tremblement de terre, mais « un murmure doux et léger ». La « voix » était très claire – elle a changé le cours de ma vie.

Parfois, alors que je fais des courses pour la famille dans l'épicerie du quartier, « un murmure doux et léger » me dit d'acheter un produit supplémentaire qui n'est pas sur la liste. Et pratiquement à chaque fois, quand je rentre à la maison, le produit que j'ai acheté est absolument nécessaire. Si nous sommes sensibles au Saint-Esprit, nous entendrons quand il nous parle. A une occasion, le Saint-Esprit m'a demandé de donner de l'argent à une famille missionnaire. J'ai par la suite été informé qu'ils n'avaient pas d'argent pour s'acheter à manger, et que mon don était une réponse à leurs prières.

Demandez à Dieu de communiquer avec vous pendant vos temps de communion avec Lui et tout au long de la journée. Vous apprendrez de plus en plus à reconnaître Sa voix de la vôtre et des autres. Vous allez apprendre à entendre la voix de Dieu et à Lui obéir.

REFLEXION
Nommez certaines des façons dont vous résistez au diable et à ses mensonges. Donnez des exemples de fois où Dieu vous a conduit par son murmure doux et léger.

Jour 7
Branchez-vous sur la fréquence de la voix de Dieu

Avez-vous déjà fait l'expérience d'un verset qui vous saute aux yeux alors que vous lisez la Bible ? Vous l'aviez peut-être déjà lu des milliers de fois, mais là c'est comme une révélation. Dieu vous parle !

Un mari en train de se reposer peut se sentir poussé à aider sa femme en faisant quelques travaux dans la maison. Il ne devrait pas trop vite rejeter cette pensée ! C'est probablement le Seigneur qui lui parle. Une adolescente est en train d'écouter son CD favori ou de parler à l'une de ses amies au téléphone. Une petite voix en elle lui rappelle de ranger sa chambre. C'est probablement le Seigneur !

Nous apprenons à entendre la voix du Seigneur par la pratique et l'obéissance. Nous pouvons parfois nous sentir découragés d'essayer de discerner entre la voix du Seigneur, celle de l'ennemi, celle des autres et notre propre voix. C'est comme si nous écoutions une chaîne de radio avec un signal faible, le programme d'autres chaînes venant régulièrement et brièvement interrompre celle que nous tentons d'écouter. Mais, en continuant d'écouter la voix de notre Berger, nous apprendrons à faire la différence entre toutes ces voix.

Loren Cunningham, le fondateur de *Jeunesse en Mission*, explique qu'il a découvert trois étapes toutes simples qui l'ont aidé, ainsi que des milliers de jémiens, à entendre la voix de Dieu.

SOUMETTEZ-VOUS à Sa Seigneurie. Demandez-Lui de vous aider à faire taire vos propres pensées, désirs ainsi que les opinions des autres qui pourraient remplir vos pensées (2 Corinthiens 10:5). Même si Dieu vous a donné la capacité de réfléchir et d'analyser, ce sont les pensées du Seigneur que vous voulez écouter (Proverbes 3:5-6).

RESISTEZ à l'ennemi s'il tente de vous tromper. Utilisez l'autorité que Jésus-Christ vous a donnée pour imposer silence à la voix de l'ennemi (Jacques 4:7 ; Ephésiens 6:10-20).

ATTENDEZ-VOUS à une réponse. Après avoir posé la question qui est sur votre cœur, attendez-vous à ce qu'Il vous réponde. Attendez-vous à ce que votre Père céleste qui vous aime vous parle, et Il va le faire (Jean 10:27 ; Psaume 69:13 ; Exode 33:11).

Il y a bien des années, nous étions dans un supermarché avec nos deux plus jeunes enfants. En un clin d'œil, notre petite fille qui avait alors quatre ans avait disparu. J'ai immédiatement crié son nom. Heureusement, elle a rapidement répondu à la voix de son père. J'étais si soulagé de la voir ! Notre Père céleste veut que Ses enfants tiennent compte de Sa voix. Seigneur, enseigne-nous à entendre Ta voix et à y obéir.

REFLEXION

Souvenez-vous de moments où vous avez du discerner entre votre propre voix, celle des autres, celle de l'ennemi et la voix du Seigneur. Que pouvez-vous apprendre de votre passé pour vous aider à ne pas faire les mêmes erreurs ans le futur ?

CHAPITRE 4

Entendre Sa voix clairement

VERSET CLÉ À MÉMORISER

Ce livre de la loi ne s'éloignera pas de ta bouche ;
tu y méditeras jour et nuit pour observer et
mettre en pratique tout ce qui y est écrit, car c'est
alors que tu mèneras à bien tes entreprises,
c'est alors que tu réussiras.

Josué 1:8

Jour 1

La difficulté de rester sur la bonne voie

Parfois, l'écoute de la voix de Dieu peut ressembler à la conduite sur une route tard le soir dans un épais brouillard. C'est vraiment difficile. La ligne peinte au centre de la route nous guide, et si une voiture nous précède, nous pouvons suivre ses feux arrière. La ligne blanche au centre de la route symbolise la parole de Dieu. La façon la plus courante par laquelle Dieu nous parle est par Sa Parole, et nous ne pouvons pas nous tromper si nous la suivons. Les feux arrière de la voiture qui nous précède symbolisent le Saint-Esprit qui nous guide et nous aide à rester sur la bonne voie.

Il peut pourtant nous arriver d'avoir l'impression d'être complètement perdus. Nous voulons réellement obéir au Seigneur et accomplir Sa volonté pour nos vies mais, quelque part, nous ne pouvons plus voir les feux arrière de la voiture qui nous précède ni la ligne blanche sur la route. Que faire si cela nous arrive ? Il y a une histoire de l'Ancien Testament qui peut nous donner quelques pistes. Un homme coupait un arbre près de la rivière quand le fer de sa hache tomba dans l'eau. Un fer de hache représentait un outil très coûteux à l'époque, et l'homme tenta désespérément de le retrouver, car il l'avait emprunté. Il alla trouver Elisée, un homme de Dieu, pour lui demander de l'aide. Elisée lui demanda où il avait vu tomber son fer de hache ; à ce même endroit il jeta un bâton dans l'eau, et le fer se mit miraculeusement à flotter à la surface (2 Rois 6:1-6) ! A l'endroit même où il avait été perdu, le fer de hache a réapparu !

Cette histoire peut nous enseigner une leçon importante. Chaque fois que nous avons des difficultés à trouver notre route dans nos vies, il est souvent utile de revenir à la dernière fois où nous avons été certains d'entendre la voix de Dieu de façon claire. Si nous ne revenons pas en arrière, nous risquons de continuer à nous égarer et nous serons dans la détresse. Si nous croyons avoir perdu notre chemin spirituellement, la Bible est très claire : *Souviens-toi donc d'où tu es tombé, repens-toi et pratique tes premières œuvres...* (*Apocalypse 2:5*).

Nous devons revenir à l'endroit où le fer de hache est tombé, et nous souvenir « d'où nous sommes tombés » – où notre amour et notre obéissance au Seigneur ont commencé à décliner. Nous devons revenir au Seigneur quand nous perdons notre chemin et nous repentir (faire demi-tour) pour revenir à la dernière fois où nous avons entendu Sa voix, claire et tranchante. Puis nous devons y obéir.

Le Seigneur avait appelé un jeune homme à partir de chez lui pour aller dans une école biblique. Après avoir passé quelques semaines dans l'école, il commença à remettre en question sa décision. Il abhorrait la discipline, le climat – et beaucoup d'autres choses. Cependant, il décida de rester en se rappelant la façon dont le Seigneur l'avait clairement appelé dans cette école. En étant obéissant, il récolta des bénéfices, et le Seigneur put faire un immense travail dans sa vie.

REFLEXION
Donnez des exemples de « fers de hache » dans votre marche chrétienne. Que nous conseille Apocalypse 2:5 de faire ?

Jour 2
Retournez à l'endroit où vous avez perdu votre chemin

En 1992, j'ai comencé à remettre en question le fait que je sois appelé à prendre des responsabilités dans l'église. Toutes les autres options me semblaient préférables à l'idée de poursuivre dans un rôle de responsable. Pourtant, je me suis souvenu de mon appel initial lorsque Dieu m'avait appelé à démarrer une nouvelle église en 1980. C'était le moment où le fer de hache était tombé pour moi, et j'étais alors convaincu que Dieu m'avait parlé et m'avait confié le mandat de démarrer une église. Je savais qu'Il n'avait pas encore terminé le travail qu'Il avait commencé.

Êtes-vous parfois fatigué de votre travail ? Peut-être en avez-vous assez d'aller à l'école ou de votre implication dans l'église. Revenez à la dernière fois où vous avez entendu le Seigneur vous parler clairement à ce sujet, et permettez au Seigneur de vous guider à partir de là. Si vous avez fait une erreur, il y a de l'espérance. C'est pour cela que Jésus est venu – pour nous pardonner quand nous reconnaissons notre péché, pour nous purifier et nous aider à prendre un nouveau départ.

Vous souvenez-vous de Jonas ? Il avait refusé d'obéir au Seigneur qui lui avait demandé d'aller prêcher dans la ville de Ninive. Dieu attira son attention en utilisant des marins païens pour le jeter dans la mer, puis le Seigneur envoya un grand poisson pour l'avaler vivant et lui donner un moment pour réfléchir. Je pense que Jonas est alors revenu « là où le fer de hache est tombé » (où il avait quitté le chemin du Seigneur) et s'est rapidement repenti ! Le Seigneur lui donna une deuxième chance et le poisson le cracha sur la terre sèche. La Bible dit dans Jonas 3:1-3a : *La parole de l'Éternel fut adressée à Jonas une seconde fois, en ces mots : Lève-toi, va à Ninive, la grande ville, et fais-y la proclamation que je te dis ! Alors Jonas se leva ; il alla à Ninive, selon la parole de l'Éternel.*

Lorsque nous nous repentons devant le Seigneur, nous pouvons recevoir Sa parole une seconde fois. Nous devons alors nous poser une question cruciale : « Ai-je obéi à la dernière chose que le Seigneur m'a demandé de faire ? »

Chaque fois que ma femme, LaVerne, et moi conduisions ensemble, j'essayais de trouver des raccourcis, et cela amenait des tensions dans notre couple. Pour empirer les choses, j'avais l'habitude de me perdre ! Revenir en arrière encore et encore était embarrassant ! Il me fallait en général revenir en arrière jusqu'à la dernière route que je pouvais reconnaître avant que je puisse retrouver mon chemin.

Si vous êtes sur la mauvaise route spirituellement, ce n'est pas la fin du monde. Le Seigneur est capable de « restaurer les années dévorées par la sauterelle et le grillon » (Joël 2:25). Revenir en arrière au dernier endroit où nous avons clairement entendu le Seigneur est souvent la seule façon d'arriver à notre destination.

REFLEXION
Avez-vous déjà eu, comme Jonas, l'expérience d'avoir de la difficulté à vous repentir ? Qu'avez vous fait ? Qu'auriez-vous du faire ?

Jour 3
La parole de Dieu devrait « s'aligner »

J'ai appris d'un homme de Dieu un principe qui m'a aidé à garder la bonne direction dans mon écoute de la voix de Dieu. Cet homme m'a raconté l'histoire de trois phares bâtis pour avertir les bateaux de gros récifs situés juste sous la surface de l'eau alors qu'ils voulaient entrer dans le port. Pour éviter de s'échouer sur ces immenses rochers, le capitaine devait s'assurer que les trois lumières soient alignées lorsqu'il voulait entrer dans le port. Si le capitaine pouvait voir deux ou trois phares en même temps, il savait qu'il était en danger.

Afin d'éviter le naufrage dans nos vies, nous devons nous assurer que trois différents « phares » soient alignés avant de commencer à avancer dans une direction.

Le premier phare à devoir s'aligner est la parole de Dieu. Il n'y a pas de substitut à la parole de Dieu. L'apôtre Paul nous dit dans 1 Corinthiens 14:37 : *Si quelqu'un croit être prophète ou inspiré, qu'il reconnaisse que ce que je vous écris est un commandement du Seigneur.* Dieu a demandé à Josué d'être fidèle à la parole de Dieu dans Josué 1:8 : *Ce livre de la loi ne s'éloignera pas de ta bouche ; tu y méditeras jour et nuit pour observer et mettre en pratique tout ce qui y est écrit, car c'est alors que tu mèneras à bien tes entreprises, c'est alors que tu réussiras.*

Lorsque nous obéissons à la parole de Dieu, nous avons la promesse d'avoir du succès. Lorsque nous désobéissons à la parole de Dieu, cela cause un naufrage dans notre vie. Les choses peuvent encore bien se passer pendant quelques temps, mais en fin de compte la désobéissance à la parole de Dieu aura un impact sur notre vie.

Si quelqu'un prétend avoir une révélation surnaturelle, elle doit s'aligner avec la parole de Dieu. La secte des Mormons a été démarrée par Joseph Smith, un homme prétendant avoir reçu une visitation d'un ange. Nous savons qu'il s'agissait en fait d'un ange déchu ou d'un démon, car son message ne s'alignait pas avec la parole de Dieu. Il s'agissait d'une perversion du message véritable. L'apôtre Paul nous exhorte dans Galates 1:6-8 : *Je m'étonne que vous vous détourniez si vite de celui qui vous a appelés par la grâce de Christ, pour passer à un autre évangile. Non pas qu'il y en ait un autre, mais il y a des gens qui vous troublent et veulent pervertir l'Évangile du Christ. Mais si nous-mêmes, ou si un ange du ciel vous annonçait un évangile différent de celui que nous vous avons annoncé, qu'il soit anathème !*

Souvenez-vous, la Bible dit que Satan vient à nous déguisé en ange de lumière (2 Corinthiens 11:14). Vérifiez que tout soit aligné avec la parole de Dieu. Si vous n'êtes pas sûrs, approchez-vous d'un croyant mature ou d'un responsable de votre église. La parole de Dieu est notre standard, elle permet de nous assurer que la révélation que nous recevons est alignée avec la volonté parfaite de Dieu.

REFLEXION
Quelle est la promesse si nous obéissons à la parole de Dieu (Josué 1:8) ? Que se passe-t-il si nous écoutons quelque chose d'autre que la parole de Dieu pour notre direction ?

Jour 4
La paix de Dieu devrait « s'aligner »

Le second phare spirtuel qui doit s'aligner est la paix de Dieu. Les Ecritures nous disent dans Colossiens 3:15 : *Que la paix du Christ, à laquelle vous avez été appelés pour former un seul corps, règne dans vos cœurs.* Soyez reconnaissants. Le mot règne signifie littéralement être un juge-arbitre. En d'autres termes, la paix de Dieu dans nos cœurs est un arbitre qui nous avertit si oui ou non nous devons prendre une certaine décision.

Un homme avait reçu une offre d'emploi alléchante par une grosse compagnie. Son salaire serait plus élevé que tout ce qu'il pourrait gagner dans sa vie. Il pensa à tous les magnifiques projets qu'il pourrait réaliser avec cet argent – l'utiliser pour aider ses amis qui avaient besoin d'acheter un appartement, donner de l'argent aux pauvres, aider les sans-abris. Cependant, il n'avait pas la paix de Dieu pour prendre ce poste, donc il déclina l'offre. Le président de la compagnie pensa qu'il était fou, comme certains de ses amis. Cela ressemblait à une opportunité unique. Mais il ne pouvait pas s'y résoudre sans la bénédiction de Dieu. Quelques temps plus tard, il découvrit que le président de cette compagnie avait commis de nombreux actes illégaux, et toute la compagnie se retrouva sur le ballant. S'il avait accepté le poste, il aurait pu se retrouver impliqué simplement parce qu'il travaillait dans cette compagnie. En fin de compte, il aurait du choisir entre rester honnête et garder son poste. Dieu a protégé cet homme, l'empêchant de se retrouver dans une situation très difficile.

Il y a plusieurs années, un ami me dit qu'il souhaitait me donner sa voiture. C'était une voiture magnifique, mais mon épouse, LaVerne, et moi n'avions pas la paix de Dieu pour l'accepter. Nous avons poliment décliné l'offre. Quelques temps plus tard, le Seigneur ouvrit une porte pour que nous recevions un van, et cette fois nous avions la paix pour l'accepter de ce généreux donateur. Suivre la paix de Dieu dans nos cœurs nous permet d'aller de l'avant avec le sentiment de sa validation et de sa faveur dans nos vies.

REFLEXION
Comment la « paix de Dieu » se manifeste-t-elle, et comment influence-t-elle votre vie ?

Jour 5
Les circonstances devraient « s'aligner »

Le troisième phare qui doit s'aligner représente les circonstances. Parfois, nous pouvons être certains que quelque chose est dans la volonté de Dieu, mais ce n'est pas le bon moment pour nous. Si c'est ce que vous ressentez, il vaut mieux que vous laissiez mourir ce désir. Si cela vient réellement de Dieu, Il va le ressusciter (le ramener à la vie) à l'avenir quand ce sera le bon timing.

Nous avons conseillé bon nombre de jeunes gens et de jeunes filles qui étaient convaincus que le Seigneur leur avait montré qui ils devaient épouser, mais l'autre personne n'avait manifestement pas reçu le même message. Notre conseil a toujours été de laisser mourir le désir pour l'instant, et si le Seigneur leur a réellement parlé, cela reviendra à la vie dans le futur.

Si vous croyez que le Seigneur aimerait que vous achetiez une certaine maison, ou une voiture, et qu'elle n'est pas disponible sur le moment, c'est que soit vous avez manqué le bon timing, soit ce n'est pas la réponse du Seigneur pour vous. Le timing est si important. Il se peut que vous ayez reçu la bonne directive du Seigneur, mais que vous n'ayez pas saisi le bon timing alors que vous essayez de forcer sa réalisation. Moïse avait reçu la bonne vision du Seigneur – délivrer le peuple de Dieu de l'esclavage des Egyptiens. Le seul problème était qu'il a d'abord manqué le timing de Dieu (de quarante ans !) quand il a tué un Egyptien. Quelqu'un peut se sentir appelé à démarrer une entreprise ou à devenir missionnaire, et la vision vient réellement du Seigneur. Le problème surgit souvent lorsque la personne veut aller trop vite. Si le Seigneur est dans le projet, les circonstances vont s'aligner.

Le Seigneur a clairement ouvert la porte pour l'apôtre Paul dans 1 Corinthiens 16:8-9. Les circonstances se sont alignées avec la parole de Dieu et avec la paix de Dieu. Bien que Paul ait du faire face à de nombreux adversaires, il savait que le Seigneur avait ouvert la porte pour lui. *Je resterai néanmoins à Éphèse jusqu'à la Pentecôte ; car une porte s'est ouverte toute grande à mon activité, et les adversaires sont nombreux.*

Jérémie donne un intéressant exemple de la voix du Seigneur qui s'est manifestée par les circonstances. *Jérémie dit : La parole de l'Éternel m'a été adressée en ces mots : Voici que Hanaméel, fils de ton oncle Challoum, va venir auprès de toi pour te dire : Achète mon champ qui est à Anatoth, car tu as le droit de rachat pour l'acquérir. Et Hanaméel, fils de mon oncle, vint auprès de moi selon la parole de l'Éternel dans la cour de la prison et il me dit : Achète mon champ qui est à Anatoth, dans le pays de Benjamin, car tu as le droit de propriété et de rachat, achète-le ! Je reconnus que c'était la parole de l'Éternel (Jérémie 32:6-8).* Après que les circonstances se soient alignées, Jérémie savait que le message venait du Seigneur. Si le Seigneur vous demande de faire quelque chose, Il va vous le montrer clairement. Vous pouvez Lui faire confiance.

REFLEXION
Décrivez une situation où vous aviez reçu la bonne directive du Seigneur, mais où vous n'aviez pas saisi son timing parfait. Comment en avez-vous pris conscience ?

Jour 6
Dieu va communiquer clairement

George Muller était un homme de foi vivant à Bristol, en Angleterre, où il a nourri des centaines d'enfants dans ses orphelinats au dix-neuvième siècle. Les lignes ci-dessous reflètent son expérience de l'écoute de la voix de Dieu :

« Je commence par chercher à amener mon cœur dans un état tel qu'il n'a plus de volonté propre concernant un sujet donné. Les neuf dixièmes des difficultés que les gens éprouvent en général sont justement liés à cet aspect. Les neuf dixièmes des difficultés sont surmontés lorsque nos cœurs sont prêts à faire la volonté de Dieu quelle qu'elle soit. Quand nous nous trouvons véritablement dans cet état d'esprit, le chemin pour découvrir Sa volonté est généralement très court.

« Ayant fait cela, je ne laisse pas le résultat aux sentiments ou à une simple impression. Si c'est le cas, je me prépare moi-même pour de grandes déceptions.

« Je vais chercher la volonté de l'Esprit de Dieu par, ou en connection avec, la parole de Dieu. L'Esprit et la Parole doivent être combinés. Si je regarde à l'Esprit seul sans la Parole, je me rends vulnérable à de grandes tromperies. Si le Saint-Esprit nous guide, Il va le faire en accord avec les Ecritures et jamais en les démentant.

« Ensuite, je prends en compte les circonstances providentielles. Elles indiquent souvent simplement la volonté de Dieu en connection avec Sa Parole et Son Esprit.

« Je demande à Dieu dans la prière de me révéler Sa volonté à ce moment.

« Ensuite, par la prière, l'étude de la Parole et la réflexion, j'en arrive à un jugement délibéré au meilleur de mes capacités et de ma connaissance, et si mon esprit se trouve alors en paix et que cette paix demeure après deux ou trois prières supplémentaires, je vais de l'avant. Dans des questions secondaires comme dans des transactions impliquant des sujets plus importants, j'ai trouvé cette méthode toujours efficace.[3]

« Je ne me souviens pas, dans toute ma marche chrétienne, une période aujourd'hui (en mars 1895) de soixante-neuf ans et quatre mois, avoir jamais cherché sincèrement et patiemment à connaître la volonté de Dieu par l'enseignement du Saint-Esprit, par l'instrumentalité de la parole de Dieu sans que Dieu m'ait justement dirigé. Mais si l'honnêteté de cœur et la droiture devant Dieu venaient à manquer, ou si je n'attendais pas patiemment les instructions du Seigneur, ou si je préférais le conseil des hommes aux déclarations de la parole du Dieu vivant, je ferais de grandes erreurs.[4] »

C'est là un excellent conseil. Cherchons à aligner les lumières des trois phares (la parole de Dieu, la paix de Dieu et les circonstances) dans nos décisions à venir. Si les lumières ne s'alignent pas, nous courrons le risque de nous échouer sur les récifs. Je vais chercher ces trois lumières. Qu'en est-il de vous ?

REFLEXION
Que veut dire George Muller par : « l'Esprit et la Parole doivent être combinés » ?

Jour 7
Ecoutez et communiquez !

Mon épouse, LaVerne, a appris il y a des années l'importance de communier avec Dieu et d'avoir une profonde relation d'amour avec son Père céleste. Il y a quelques temps, elle a partagé ces pensées à un groupe de croyants :

« En tant qu'Eglise, nous sommes fiancés à Jésus, l'époux qui revient pour nous – l'épouse. Que font des couples fiancés pour avoir une relation réelle ? Ils passent du temps ensemble, non seulement à parler, mais à écouter le cœur l'un de l'autre, à partager leurs rêves respectifs. Alors qu'ils s'écoutent et parlent ensemble, ils se comprennent mutuellement. S'ils ne faisaient que parler sans s'écouter, ils n'auraient pas vraiment de relation. Il en va de même dans notre relation avec Jésus. C'est le désir de Jésus que nous L'écoutions et que nous communions avec Lui. Nous devons prendre conscience que nous sommes fiancés avec Lui et que la parole de Dieu doit être puissante dans nos vies. Lorsque la parole de Dieu est en nous, nous comprenons, nous savons qui Dieu est. Nous comprenons qu'Il souhaite nous parler. La parole de Dieu est esprit et vie en nous. Alors que nous conduisons sur la route, alors que nous faisons la vaisselle, alors que nous sommes assis au bureau, nous sommes conscients de Sa présence et nous sommes prêts à écouter ce « murmure doux et léger » basé sur la parole de Dieu, parce que la parole de Dieu est en nous. Dieu désire nous parler tout au long de la journée. C'est à nous de L'écouter. »

Tout comme un mari et sa femme apprennent à communiquer et à communier ensemble, à grandir dans leur relation, le Seigneur nous enseigne à grandir dans notre relation d'amour avec Lui. Jésus, notre fiancé, revient pour nous. Rien n'est plus important, rien n'a plus de sens éternel. *Maris, aimez chacun votre femme, comme le Christ a aimé l'Église et s'est livré lui-même pour elle, afin de la sanctifier après l'avoir purifiée par l'eau et la parole, pour faire paraître devant lui cette Église glorieuse, sans tache, ni ride, ni rien de semblable, mais sainte et sans défaut (Ephésiens 5:25-27).*

Jésus a donné sa vie pour nous sur la croix il y a deux mille ans. Il a payé le prix pour que nous puissions vivre une relation d'amour avec notre Père céleste. Il désire nous guider et nous conduire alors que nous bâtissons une relation avec Lui. Il est digne de notre communion et de notre adoration.

[3] *Answers to Prayer from George Muller's Narrative*, edité par A.E.C. Brooks

[4] Tiré de la biographie classique de George Muller, *George Muller de Bristol*, par A. T. Pierson

REFLEXION

Décrivez la relation que Jésus désire avoir avec son épouse – l'Eglise. Décrivez votre relation avec Jésus.

Demandez à quelqu'un de prier avec vous pour que vous puissiez grandir dans votre intimité avec Jésus.

Apprendre à communier avec Dieu
Canevas du chapitre 1

Connaître Dieu par Sa Parole

1. **Comment pouvons-nous connaître un Dieu aussi extraordinaire ?**
   a. Dieu s'est fait connaître Lui-même par Jésus-Christ. Jean 17:3
   b. Dieu est un (Marc 12:29).

2. **Quand trois égale un**
   a. Dieu est unique, mais Il est trois personnes (Matthieu 28:19).
   b. Dieu le Père, Dieu le Fils et Dieu le Saint-Esprit sont des membres co-égaux et co-éternels – trois personnes distinctes partageant la nature divine.
      Ex : L'eau peut prendre trois formes : liquide, vapeur et glace.
   c. Nul ne peut pleinement expliquer Dieu, mais nous pouvons Le connaître par la foi. Hébreux 11:6.

3. **Jésus est Dieu**
   a. Certains pensent que Jésus n'était qu'un homme bon ou un prophète.
   b. Jésus a courageusement proclamé qu'Il était Dieu et les chefs religieux étaient furieux (Jean 10:24-38).
   c. Nous pouvons être certains qu'Il est celui qu'Il prétend être. Nous sommes sûrs de cela parce qu'Il a accompli les Ecritures, par Sa Filiation, par ses actes, les miracles qu'Il a accomplis et, par-dessus tout – par sa résurrection d'entre les morts !

4. **La parole de Dieu est vie pour nous**
   a. Dieu nous invite à Le connaître (Apocalypse 3:20).
   b. Nous commençons à bâtir une relation en méditant la parole de Dieu (Jean 6:63).
      Ex : L'évangéliste Billy Graham conseille : connaissez Dieu par Sa Parole.
   c. Jésus et Sa Parole sont un (Jean 1:1).

5. **La parole de Dieu renouvelle notre intelligence**
   a. Le système du monde est égoïste et assujetti au règne du diable (2 Corinthiens 4:4). Nous ne pouvons pas nous conformer au système du monde (Romains 12:2).
      Ex : Si nous ne nous séparons pas du monde, nous devenons moulés, comme la gélatine, dans le monde.
   b. La parole de Dieu nous lave (Ephésiens 5:25-26).
   c. Vérifiez toujours que ce vous entendez dans des prédication soit conforme à la parole de Dieu (Actes 17:10-11).

6. **La parole de Dieu nous donne la force de vivre**
   a. La Parole est pleine d'une puissance de vie (Hébreux 4:12).
   b. La Parole nous protège des mensonges du diable.
      Matthieu 4:4
   c. Prenez du temps chaque jour pour méditer la parole de Dieu.

7. **Méditer la parole de Dieu**
   a. Pour grandir spirituellement, nous devons communier avec Jésus.
      Jean 15:4-5
   b. Méditez la Parole jour et nuit (Psaume 1:2-3).
   c. Ceux qui vivent dans la parole de Dieu produisent du fruit spirituel.
      Galates 5:22-23

Apprendre à communier avec Dieu

Apprendre à communier avec Dieu
Canevas du chapitre 2

Connaître Dieu par la prière et l'adoration

1. **La prière, notre ligne de communication avec Dieu**
   a. Communier avec le Seigneur par la prière (Ephésiens 6:18).
   b. La prière peut impliquer de parler dans notre propre langue ou de parler en langues (1 Corinthiens 14:15).

2. **Seigneur, enseigne-nous à prier**
   a. Jésus a vécu un style de vie de prière (Luc 5:16 ; 6:12), montrant l'exemple d'une écoute de la voix du Saint-Esprit pour le diriger dans chaque situation.
   b. Les disciples ont demandé à Jésus de leur enseigner à prier (Luc 11:1).

3. **Une prière modèle**
   a. Jésus a donné à ses disciples un modèle de prière (Matthieu 6:9-13).
   b. Etudiez cette prière. Qu'avez-vous appris ?

4. **Faites connaître vos requêtes**
   a. Priez sans cesse (1 Thessaloniciens 5:17).
   b. Soyez tenace dans la prière (Luc 11:9-10).
   c. Ayez une attitude de reconnaissance (Philippiens 4:6).

5. **La louange et l'adoration nous amènent au Père**
   a. Adorer et Louer le Seigneur fait partie de la communion avec Dieu.
   b. Adorer, c'est se concentrer sur qui Dieu est, tandis que louer met l'accent sur ce qu'Il a fait pour nous.
   c. Nous devons adorer à partir de notre cœur (Jean 4:23-24).
   d. Offrir un sacrifice de louange (Hébreux 13:15).

6. **Il est digne de recevoir notre louange**
   a. Le Ciel sera un lieu d'adoration (Apocalypse 5:11-12).
   b. Une personne spirituellement morte ne peut pas louer le Seigneur.
   Psaume 115:17
   c. Dieu habite, ou vit, au milieu des louanges de Son peuple.
   Psaume 22:3

7. **Exprimer notre adoration**
   a. S'agenouiller, se prosterner (Psaume 95:6)
   b. Se tenir debout et adorer (Apocalypse 7:9-10)
   c. Lever les mains (1 Timothée 2:8)
   d. S'arrêter (Psaume 46:10)
   e. Louer avec des instruments (Psaume 150:3-5)
   f. Danser (Psaume 149:3)
   g. Chanter un chant nouveau (Psaume 149:1)
   h. Frapper des mains et crier (Psaume 47:1)
   i. Chanter des psaumes, des hymnes, faire une mélodie dans votre cœur.
   Ephésiens 5:19

Apprendre à communier avec Dieu
Canevas du chapitre 3
Comment pouvons-nous entendre la voix de Dieu ?

1. **« Est-ce toi Seigneur ? »**
   a. Il peut être difficile d'entendre la voix de Dieu. Lorsque nous échouons, nous ne devrions pas hésiter à faire un pas de foi la fois suivante.
   b. Jésus ne fait que ce que Son Père céleste Lui dit de faire.
   Jean 8:29
   Nous aussi, nous pouvons apprendre à entendre le Père clairement.

2. **Reconnaître la voix de Dieu**
   a. Consultez le Père au sujet de vos décisions importantes et Il vous conduira (Proverbes 3:5-6).
   b. Reconnaître, c'est admettre l'existence, la réalité ou la vérité, ou exprimer sa gratitude pour.
   c. Dieu peut nous parler par des rêves, des visions ou par Sa voix audible, mais Il nous parle généralement par Sa Parole (Jean 8:31-32) ou par Son Esprit qui parle à notre esprit.

3. **La voix de Dieu est compatible avec la parole de Dieu !**
   a. Tout rêve, toute prophétie ou toute vision qui ne s'aligne pas avec la parole de Dieu n'est pas la voix de Dieu. L'Ecriture est le standard pour nous garder sur le bon chemin (1 Timothée 3:16-17).
   b. Les chrétiens matures renouvellent leur intelligence dans la parole de Dieu.
   Hébreux 5:12-14

4. **Permettez au Saint-Esprit d'illuminer votre Esprit**
   a. Dieu veut parler à notre esprit par Son Esprit
   b. Romains 8:16 ; Proverbes 20:27
   c. Voyez comment le Seigneur a dirigé vos pas dans le passé. Proverbes 16:9
   d. Les brebis du Seigneur entendent Sa voix (Jean 10:4).

5. **Attention aux autres voix**
   a. Notre propre voix : Nous pouvons confondre nos désirs avec la voix du Seigneur.
   b. La voix des autres : Nous pouvons être séduits par d'autres philosophies hostiles à la parole de Dieu (2 Corinthiens 10:5).
   c. Eprouvez-la (1 Jean 4:1).

6. **Le discours de l'ennemi vs. le murmure doux et léger**
   a. Une autre voix que nous pouvons entendre au lieu de celle de Dieu : la voix de l'ennemi qui voient comme un ange de lumière.
   b. 2 Corinthiens 11:14
   c. Résistez au diable. Dieu est plus grand en vous (1 Jean 4:4).
   d. La voix de Dieu : Nous entendons souvent le « murmure doux et léger » de Dieu (1 Rois 19:11-13 ; Psaume 46:10).

7. **Branchez-vous sur la fréquence de la voix de Dieu**
   a. Nous apprenons à entendre la voix de Dieu par la pratique et l'obéissance.
   b. Soumettez-vous à Sa Seigneurie : Faites taire vos propres pensées et désirs.
   2 Corinthiens 10:5
   c. Résistez à l'ennemi : Utilisez l'autorité que Christ vous a donnée pour imposer silence à l'ennemi (Jacques 4:7 ; Ephésiens 6:10-20).
   d. Attendez-vous à une réponse
   Jean 10:27 ; Psaume 69:13 ; Exode 33:11

Apprendre à communier avec Dieu

Apprendre à communier avec Dieu
Canevas du chapitre 4

Entendre Sa voix clairement

1. **La difficulté de rester sur la bonne voie**
   a. Un homme qui a perdu sa tête de hache (2 Rois 6:1-6). Elisée lui dit d'aller au dernier endroit où il l'a vue, et la tête de hache est retrouvée.
   b. Si nous avons perdu notre chemin, il peut être utile de revenir à l'endroit où nous avons entendu la voix de Dieu pour la dernière fois et nous rappeler où notre obéissance au Seigneur a décliné (Apocalypse 2:5). Ensuite, repentons-nous pour revenir sur le bon chemin.

2. **Retournez à l'endroit où vous avez perdu votre chemin**
   a. Jonas a désobéi au Seigneur, mais il a réalisé où il s'était égaré et s'est repenti. Dieu lui a donné une seconde chance (Jonas 3:1).
   b. Si vous avez perdu votre chemin, le Seigneur va restaurer les « années dévorées » (Joël 2:25). Revenez au dernier endroit où vous avez entendu Dieu.

3. **La parole de Dieu devrait « s'aligner »**
   a. L'histoire des trois phares bâtis pour avertir les navires des récifs dans le port. Ils doivent s'aligner pour guider le bateau dans le port.
   b. Pour éviter le naufrage dans notre vie, trois « phars » spirituels doivent s'aligner : La parole de Dieu, la paix de Dieu et les circonstances.
   c. Nous n'allons pas nous égarer si nous obéissons à la parole de Dieu.
   d. 1 Corinthiens 14:37 ; Josué 1:8
   e. Satan vient comme un ange de lumière (2 Corinthiens 11:14) et il tente de nous tromper (Galates 1:6-8). La parole de Dieu est notre standard de vérité.

4. **La paix de Dieu devrait « s'aligner »**
   a. Avoir la paix de Dieu constitue le second « phare » pour nous alerter si oui ou non nous devons prendre une certaine décision.
   b. Comment expérimentez-vous la paix de Dieu et comment cela affecte-t-il votre vie ?

5. **Les circonstances devraient « s'aligner »**
   a. Le timing et les circonstances devraient s'aligner avant qu'une décision ne soit prise.
   b. Dieu a ouvert la porte pour Paul (1 Corinthiens 16:8-9). Après que certaines circonstances se soient alignées, Jérémie savait que le message venait de Dieu (Jérémie 32:6-8).

6. **Dieu va communiquer clairement**
   George Muller donne de précieux conseils sur l'écoute de la voix de Dieu :
   a. Placez-vous dans une attitude de recherche exclusive de la volonté de Dieu
   b. Combinez les directives du Saint Esprit avec la parole de Dieu
   c. Prenez en compte les circonstances providentielles
   d. Par la prière, l'étude de la Parole et la réflexion, vous arriverez à la paix sur le sujet qui vous préoccupe et vous comprendrez quelle est la volonté de Dieu.

7. **Ecoutez et communiquez !**
   a. Passez du temps avec Dieu pour apprendre à communier avec Lui.
   b. Les maris et leur femme communiquent ensemble, ils s'aiment et grandissent dans leur relation. Jésus veut avoir une telle relation avec nous (Ephésiens 5:25-27).

Apprendre à communier avec Dieu

Questions de méditation supplémentaires

Si vous utilisez ce livret comme guide de méditation quotidienne, vous aurez réalisé qu'il y a vingt-huit jours dans cette étude. Selon le mois, vous pourrez avoir besoin des trois études quotidiennes données ci-dessous.

Jour 29
Venez à la vie !

Lisez un verset qui vous a « sauté aux yeux » alors que vous avez étudié la parole de Dieu dans ce livre. Décrivez ce que ce verset signifie pour vous à ce stade de votre vie.

Jour 30
Jésus et vous

Lisez le Psaume 139. Décrivez des façons dont votre relation avec Dieu est en train de grandir. Trouvez des versets qui décrivent ce que Jésus pense de vous et ce que vous pensez de Lui.

Jour 31
Personnalisez-le !

Relisez le Psaume 139 en insérant votre nom aux endroits où c'est approprié. Utilisez ce Psaume comme une prière au Seigneur.

Fondements bibliques 8

Qu'est-ce que l'église ?

Trouver notre place dans la famille de Dieu

CHAPITRE 1

L'importance de l'église locale

VERSET CLÉ À MÉMORISER

Veillons les uns sur les autres pour nous inciter à l'amour et aux œuvres bonnes. N'abandonnons pas notre assemblée, comme c'est la coutume de quelques-uns, mais exhortons-nous mutuellement, et cela d'autant plus que vous voyez le Jour s'approcher.

Hébreux 10:24-25

Jour 1
Nous avons besoin les uns des autres

J'ai lu l'histoire d'un jeune homme qui avait donné sa vie à Dieu ; mais après une période de déceptions et de désillusion, il commença à se retirer des autres chrétiens. Un soir d'hiver froid et venteux, le pasteur du jeune homme s'arrêta chez lui pour une visite et, alors que le vent soufflait à l'extérieur, ils se sont assis et se sont mis à parler.

Au bout d'un certain temps, le pasteur, un homme plein de sagesse, marcha jusqu'au foyer où un feu de bois réchauffait la pièce. Avec une pince métallique, il saisit une braise rougeoyante et la plaça sur les briques devant le foyer. Il poursuivit sa conversation avec le jeune homme. Puis, jetant un coup d'œil sur le tison sur les briques, il dit : « Tu vois ce morceau de braise ? Quand il était dans le foyer, il brûlait bien, mais maintenant qu'il est seul, il est en train de s'éteindre. »

Le pasteur se leva, marcha à nouveau jusqu'au foyer, et avec l'aide de la pince, il replaça le tison dans le feu. En quelques minutes, la braise mourante s'était remise à flamboyer.

Le jeune homme prit soudain conscience de ce que le pasteur essayait de lui faire comprendre. Lorsque nous nous éloignons de la chaleur et de l'encouragement du feu des autres croyants dans le corps de Christ, nous finissons par nous refroidir spirituellement. Le fait de rejoindre d'autres personnes dans une communauté de croyants au sein d'une église locale va nous aider à nourrir notre flamme spirituelle. A partir de ce jour, le jeune homme prit la décision de rejoindre régulièrement d'autres croyants dans une église locale de son quartier. Il ne voulait pas risquer de voir son feu s'éteindre.

La Bible nous dit dans Hébreux 3:13 : *Mais exhortez-vous chaque jour, aussi longtemps qu'on peut dire : Aujourd'hui ! Afin qu'aucun de vous ne s'endurcisse par la séduction du péché.* Il est extrêmement difficile de vivre sa vie chrétienne tout seul. Les croyants ont besoin de communion les uns avec les autres et de s'encourager les uns les autres chaque jour parce qu'il est facile de déraper et de devenir de plus en plus tolérants par rapport au péché dans nos vies.

Un de mes amis a dit une fois : « Les rangers solitaires se font souvent éjecter de leur selle. » Il faisait référence à la série télévisée populaire américaine des années 1950 intitulée « Le ranger solitaire ». Ce justicier solitaire parcourait le Far West pour le débarrasser des hors-la-loi et il était souvent vulnérable aux attaques. Si nous tentons de vivre nos vies chrétiennes tous seuls, sans le soutien des autres croyants, le diable pourra facilement nous détruire spirituellement. Nous avons besoin les uns des autres. Hébreux 10:24-25 nous dit : *Veillons les uns sur les autres pour nous inciter à l'amour et aux œuvres bonnes. N'abandonnons pas notre assemblée, comme c'est la coutume de quelques-uns, mais exhortons-nous mutuellement, et cela d'autant plus que vous voyez le Jour s'approcher.*

Jésus-Christ revient bientôt. Nous devons nous exorter mutuellement à rester enflammés pour notre Seigneur Jésus-Christ. Le fait de se rassembler régulièrement nous encourage à chacun à tenir ferme en Christ. Dieu désire que nous nous réunissions régulièrement afin de recevoir enseignement, encouragement et d'être équipés pour l'œuvre du ministère. Il appelle ce groupe de croyants « l'église ». Dans ce livre, nous allons découvrir l'importance d'être solidement connectés à une église locale.

REFLEXION
Pourquoi avons-nous besoin de nous connecter à d'autres croyants dans une église locale ? Pourquoi Hébreux 10:24-25 nous dit-il de passer du temps avec d'autres croyants ?

Jour 2
L'église – « appelés hors de »

En fait, qu'est-ce que l'église ? L'église n'est pas un bâtiment, une réunion ou un programme. L'église de Jésus-Christ est simplement *les gens*. En tant que croyants, nous sommes l'église. Le mot *église* signifie littéralement les *appelés hors de*. L'église est donc un groupe de gens appelés hors des ténèbres spirituelles dans la lumière du royaume de Dieu.

Lorsque nous venons à Christ, nous joignons immédiatement une partie de l'Eglise universelle du Christ qui inclut chaque croyant ayant jamais confessé le nom de Jésus de chaque nation du monde. Jésus parle de Son Eglise universelle dans Matthieu 16:18.

Et moi, je te dis que tu es Pierre, et que sur cette pierre je bâtirai mon Église, et que les portes du séjour des morts ne prévaudront pas contre elle. J'ai eu le privilège de voyager sur les six continents du monde. Partout où je vais, je trouve des croyants de couleurs de peau, de cultures et d'arrière-plans complètement différents, qui ont pourtant une chose en commun. Ils ont tous le même Père céleste, ayant reçu Jésus-Christ comme Seigneur, et ils font partie de la même famille.

Un jour, alors que je voyageais en avion, l'homme d'affaire assis à côté de moi commença à me parler de l'entreprise pour laquelle il travaillait. Puis il me demanda : « Et vous, que faites-vous dans la vie ? » Je lui expliquai que je faisais partie de la plus grosse entreprise du monde. « En fait, » lui dis-je, « nous sommes présents dans chaque pays du monde. » Bien sûr, je parlais du royaume de Dieu – la merveilleuse famille de Dieu universelle, l'église de Jésus-Christ.

La Bible parle de l'Eglise universelle lorsqu'elle dit que tous les saints de toute l'Eglise de Dieu, et tous Ses enfants dans les Cieux et sur la terre reconnaîtront que Jésus-Christ seul est digne ... *Tu as racheté pour Dieu, par ton sang, des hommes de toute tribu, de toute langue, de tout peuple et de toute nation (Apocalypse 5:9).*

Jésus a promis qu'Il bâtirait son Eglise et que les portes du séjour des morts ne prévaudront pas contre elle (Matthieu 16:18). Nous pouvons être certains que quoi qu'il se passe dans le monde aujourd'hui, Jésus-Christ bâtit son Eglise, et nous avons le privilège d'en faire partie.

Mais le mot *église* fait aussi référence à l'église *locale*. La famille de l'Eglise universelle de Dieu est composée d'églises *locales* dans chaque communauté, offrant le soutien et l'amour dont chaque croyant a besoin.

REFLEXION
Qu'est-ce que l'église ? Qu'est-ce que l'Eglise universelle ? Qu'est-ce que l'église locale ?

Jour 3
Un bébé chrétien a besoin d'une famille

Chaque croyant a besoin d'un « système de soutien » pour pouvoir survivre. Lorsque j'ai le privilège de conduire quelqu'un à Christ, je lui explique souvent qu'il est maintenant un « bébé chrétien » et qu'il a besoin de comprendre quatre vérités importantes pour pouvoir se développer spirituellement. Tout d'abord, tous les bébés ont besoin de manger et de boire. C'est pourquoi la Bible dit dans 1 Pierre 2:2 que les bébés chrétiens doivent se nourrir du lait de la parole de Dieu pour commencer à grandir. Désirez comme des enfants nouveau-nés le lait non frelaté de la Parole, afin que par lui vous croissiez pour le salut.

Ensuite, pour rester en vie, tous les bébés ont besoin de respirer. Les bébés chrétiens (comme ceux qui sont plus matures!) respirent spirituellement par la prière – en communiquant avec notre Père céleste. La Bible nous encourage à « prier sans cesse » (1 Thessaloniciens 5:17).

Troisièmement, nous devons faire de l'exercice – partager notre foi avec les autres. Les Ecritures nous disent : « Que les rachetés de l'Éternel le disent... » (Psaume 107:2).

Et quatrièmement, les bébés chrétiens doivent rester spirituellement chauds. Nous restons chauds en étant engagés avec d'autres croyants dans une église locale et en ayant une communion régulière avec eux. Nous faisons partie d'une famille spirituelle – une famille de rachetés qui sont liés ensemble sous un Père en Christ. *C'est pourquoi, je fléchis les genoux devant le Père, de qui toute famille dans les cieux et sur la terre tire son nom (Ephésiens 3:14-15).*

Dans l'église locale, nous faisons partie d'une famille spirituelle unie en Christ. La famille spirituelle nous donne une place où grandir et apprendre des autres croyants comment vivre nos vies chrétiennes. Nous avons besoin de cet apport des autres.

Vous découvrirez qu'il n'existe pas d'église parfaite. Cependant, ce n'est pas une excuse pour ne pas s'impliquer dans une église. Si nous pouvions trouver une église parfaite, à partir du moment où nous la rejoignons elle ne le serait plus, car nous ne sommes pas parfaits !

Qu'est-ce que l'église ?

Notre salut ne vient bien sûr pas du fait que nous devions faire partie d'une église locale ; il vient de notre connaissance de Dieu notre Père par une relation personnelle avec Jésus-Christ. « *Je serai pour vous un père, et vous serez pour moi des fils et des filles,* » *dit le Seigneur tout-puissant (2 Corinthiens 6:18).*

Cependant, une fois que nous sommes enfants de Dieu, nos devrions avoir le désir de rejoindre d'autres chrétiens afin de recevoir leur amour et leur encouragement. Dès que nous sommes sauvés, nous devrions demander au Seigneur où Il désire nous placer dans Sa famille, au sein d'une église locale de notre communauté.

REFLEXION
Quels sont les quatre aspects qu'un bébé doit mettre en place s'il veut se développer spirituellement ? Comment notre Père céleste nous appelle-t-il (2 Corinthiens 6:18) ?

Jour 4
L'église locale est l'armée de Dieu

Nous avons besoin les uns des autres. Nous ne sommes pas censés vivre notre vie chrétienne seuls. Le Seigneur nous a appelés à être une compagnie de soldats spirituels qui servent au sein de Son armée spirituelle. *Souffre avec moi comme un bon soldat du Christ-Jésus* (2 Timothée 2:3).

Un ancien officier militaire m'a dit une fois que ce qui l'a aidé à rester dans l'armée malgré les guerres était la camaraderie qui s'était développée avec les autres soldats. Nous sommes dans une guerre spirituelle. Nous avons besoin du soutien de nos compagnons soldats chrétiens parce que nous combattons le diable qui cherche à voler, égorger et détruire le peuple de Dieu (Jean 10:10).

Les armées sont composées de petits groupes appelés escouades. Dans l'église du Nouveau Testament, les croyants se réunissaient dans les maisons (en petits groupes) et dans le temple (en grand groupe). Le fait de se réunir dans la communion d'une église locale est particulièrement important parce que cela nous permet d'être encouragés et formés comme soldats spirituels. Il est si important de trouver la place où Dieu peut nous utiliser au mieux dans Son Royaume.

L'église locale n'est pas là que pour nous former pour aller dans le monde. Comme toutes les armées ont des unités médicales, l'église est aussi un lieu où nous pouvons être aimés, guéris et fortifiés quand nous sommes faibles. C'est un lieu où nous pouvons être libérés pour vivre une vie transformée et victorieuse, afin de pouvoir retourner sur le champ de bataille spirituel avec de nouvelles forces. Par la puissance et l'autorité de Jésus-Christ, dans les églises locales, les gens peuvent être libérés de leurs péchés, de problèmes qui contrôlent leur vie et de mauvaises habitudes.

Les églises ressemblent parfois plus à des clubs sociaux qu'à des armées spirituelles. Les gens viennent aux réunions pour avoir une interaction sociale et ils oublient leur véritable raison d'être. Dieu appelle son Eglise à revenir à sa raison d'être originelle, c'est-à-dire d'être un étendard de justice dans notre génération. Esaïe 59:19 dit que *quand l'ennemi viendra comme un fleuve, l'Esprit de l'Éternel lèvera un étendard contre lui*. L'Eglise de Jésus-Christ est un étendard que le Seigneur lève contre l'ennemi qui cherche à détruire cette génération. Chacun de nous a besoin de trouver sa place dans l'armée de Dieu, l'église locale, et de faire sa part.

REFLEXION

Pourquoi devrions-nous être comme des soldats ? Contre qui nous battons-nous (Jean 10:10) ?

Jour 5
Bien s'assembler

Comme un bâtiment est composé de briques assemblées avec du mortier pour former des murs, nous sommes en tant qu'église des pierres vivantes assemblées ensemble par les relations que nous avons les uns avec les autres.

Approchez-vous de lui, pierre vivante, rejetée par les hommes, mais choisie et précieuse devant Dieu, et vous-mêmes, comme des pierres vivantes, édifiez-vous pour former une maison spirituelle, un saint sacerdoce, en vue d'offrir des victimes spirituelles, agréables à Dieu par Jésus-Christ (1 Pierre 2:4-5).

Car nous sommes ouvriers avec Dieu. Vous êtes le champ de Dieu, l'édifice de Dieu (1 Corinthiens 3:9).

Dans ces versets, remarquez que le Seigneur nous appelle un « édifice » et aussi « un champ ». Non seulement nous devons être en relation avec d'autres croyants, mais nous devrions également découvrir quelle est notre place dans notre « champ » spirituel.

Très souvent, quand je vole au-dessus de pays qui possèdent de vastes territoires agricoles, je peux voir différentes cultures pousser dans des champs distincts. Chaque église locale représente un champ distinct où des croyants sont plantés afin qu'ils puissent pousser et se reproduire dans ce « champ » particulier. Le désir du Seigneur pour nous est que nous reproduisions la vie de Jésus dans ceux qui nous entourent. Tout commence en étant engagé envers Jésus et envers une église locale où nous pouvons recevoir l'aide nécessaire pour grandir en Christ et aider les autres à le faire aussi.

C'est pourquoi il est important que l'église locale soit composée de petits groupes de croyants qui se réunissent régulièrement. Il est impossible pour un croyant d'être en relation avec des centaines de personnes, mais dans des groupes plus petits, nous pouvons toucher pratiquement quelques personnes. Dans certaines églises, cela peut être des groupes d'école du dimanche ou d'étude biblique. Dans d'autres églises, on utilisera les expressions « groupes de maison », « cellules » ou « églises de maisons ».

Kelly, une jeune maman de deux enfants récemment divorcée, a découvert combien les relations au sein de son petit groupe avaient de la valeur. Elle n'avait pas payé son assurance auto et a eu un accident entraînant un retrait de permis pendant trois mois. Elle s'est demandé comment elle allait pouvoir continuer à prendre soin de ses enfants, car elle allait perdre son emploi de chauffeuse de bus. Son petit groupe s'est rallié autour d'elle dans la prière et l'aide pratique. Pendant ses trois mois sans emploi, chaque fois qu'elle en avait besoin, quelqu'un est venu la conduire où elle devait aller. Des sacs de nourriture sont apparus sur son pas de porte. Kelly a appris que Dieu pourvoit au-travers des personnes avec lesquelles elle « était bâtie ».

Jésus avait un petit groupe de douze disciples. Dieu a montré à Moïse de diviser les Israélites en groupes de dix (Exode 18). Nous avons tous besoin de relations et de connaître d'autres personnes qui peuvent nous offrir un soutien mutuel alors que nous apprenons à grandir en Dieu et à entrer dans Ses projets pour nos vies. C'est dans le contexte de petits groupes où tout le monde avance vers un objectif commun que cela peut prendre place au mieux.

REFLEXION
En quoi êtes-vous le champ et l'édifice de Dieu ?
Savez-vous où est votre place dans le royaume de Dieu ?

Jour 6
L'église locale offre leadership et protection

Vous demanderez peut-être pourquoi il est si important d'être impliqué dans une église locale? Tout d'abord, l'église locale nous offre des leaders pour nous équiper dans notre vie chrétienne. L'église primitive était encouragée à établir des anciens dans chaque ville (église locale). *Je t'ai laissé en Crète, afin que tu mettes en ordre ce qui reste à régler, et que, selon mes instructions, tu établisses des anciens dans chaque ville (Tite 1:5).*

Un des objectifs du Seigneur pour l'église locale est d'établir des anciens, un leadership spirituel qui peut nous équiper, nous encourager et nous servir comme « sous-bergers » sous l'autorité de Jésus (qui est le Souverain Berger). Ces responsables ont de claires instructions en ce qui concerne leur rôle. *Nous vous y exhortons, frères : avertissez ceux qui vivent dans le désordre, consolez ceux qui sont abattus, supportez les faibles, usez de patience envers tous. Prenez garde que personne ne rende le mal pour le mal ; mais recherchez toujours le bien, soit entre vous, soit envers tous (1 Thessaloniciens 5:14-15).*

Ce verset nous montre que le Seigneur offre protection et discipline pour Son peuple au-travers des responsables dans l'église locale. Les responsables doivent être des personnes qui aiment et sont patientes quand ils encouragent ceux qu'ils servent. Ils sont là pour donner conseils et correction dans l'amour.

Dans Matthieu 18:15-17, Jésus explique comment l'église locale peut offrir discipline et restauration à un membre qui s'égare. *Si ton frère a péché, va et reprends-le seul à seul. S'il t'écoute, tu as gagné ton frère. Mais, s'il ne t'écoute pas, prends avec toi une ou deux (personnes), afin que toute l'affaire se règle sur la parole de deux ou trois témoins. S'il refuse de les écouter, dis-le à l'Église ; et s'il refuse aussi d'écouter l'Église, qu'il soit pour toi comme un païen et un péager.*

Si un croyant pèche contre nous, Jésus nous demande de le confronter face à face. S'il ne nous écoute pas, nous devrions aller avec « un ou deux » autres croyants et à nouveau le supplier de se repentir. S'il ne nous écoute toujours pas, nous devrions « le dire à l'église ». Cela fait référence à l'église locale, parce qu'il serait impossible de l'apporter à l'Eglise universelle ! Les responsables de l'église locale vont aider à restaurer une telle personne dans la communion des saints.

Les responsables de l'église locale ont la responsabilité de veiller sur nous en nous protégeant, en nous dirigeant, en nous corrigeant et en nous encourageant. *Prenez donc garde à vous-mêmes et à tout le troupeau au sein duquel le Saint-Esprit vous a établis évêques, pour faire paître l'Église de Dieu qu'il s'est acquise par son propre sang (Actes 20:28).*

REFLEXION
Citez certaines choses que les responsables spirituels offrent dans une église locale (1 Thessaloniciens 5:14-15).

Jour 7
Vulnérable sans église locale

Parfois, à cause de déceptions, de désillusions ou d'orgueil spirituel, des croyants se coupent de l'église locale. Cela les laisse dans une position de vulnérabilité. La Bible nous dit dans 1 Corinthiens 10:13 : *Aucune tentation ne vous est survenue qui n'ait été humaine ; Dieu est fidèle et ne permettra pas que vous soyez tentés au-delà de vos forces; mais avec la tentation, il donnera aussi le moyen d'en sortir, pour que vous puissiez la supporter.*

L'église locale est souvent la clé que le Seigneur a préparé pour Son peuple pendant des périodes d'assauts diaboliques. Lorsque nous voyons régulièrement d'autres croyants, nous réalisons que nous ne sommes pas seuls dans les tentations. Nous recevons une protection, une force et une supervision spirituelle de la part des responsables que le Seigneur a placés dans nos vies. Le projet du Seigneur est d'utiliser l'église locale pour nous protéger, pour nous aider à grandir et pour nous équiper afin que nous soyons tout ce que nous pouvons être en Jésus-Christ.

D. L. Moody, un évangéliste de la fin du dix-neuvième siècle, a été utilisé par le Seigneur pour amener un million de personnes à Christ. Très souvent dans ses réunions, il avait une chorale composée de chanteurs de nombreuses églises de la communauté dans laquelle il prêchait. Une femme vint un jour le voir et lui dit : « Mr. Moody, j'aimerais chanter dans votre chorale. » Lorsque Moody lui demanda quelle église locale elle représentait, elle répondit : « Je fais partie de l'Eglise universelle. »

Moody lui dit alors : « Eh bien trouvez le pasteur de l'Eglise universelle et chantez dans sa chorale. » En d'autres termes, Moody était préoccupé par la non-implication de cette femme dans une église locale. Il reconnaissait le besoin d'être engagé dans une église locale pour notre protection spirituelle et pour notre redevabilité.

Les responsables spirituels et les autres croyants dans l'église locale sont là pour vous exhorter, vous réconforter et vous soutenir dans la prière !

REFLEXION

Pourquoi sommes-nous vulnérables sans communauté de croyants autour de nous pour nous soutenir ?

CHAPITRE 2

Les relations dans la famille spirituelle

VERSET CLÉ À MÉMORISER

Vous-mêmes, comme des pierres vivantes,
édifiez-vous pour former une maison spirituelle,
un saint sacerdoce, en vue d'offrir des
victimes spirituelles, agréables à Dieu
par Jésus-Christ.

1 Pierre 2:5

Jour 1
L'église est faite de relations familiales

De nombreux jeunes couples qui vont se marier se préparent une belle surprise. Ils pensent épouser une personne, mais ils réalisent après le mariage qu'ils ont épousé toute une famille! Ils doivent faire connaissance des grands-parents, des oncles et tantes, des cousins et cousines, du père et de la mère et de tout le reste de la belle-famille. Dans la famille de Dieu, lorsque vous et moi prenons la décision de rejoindre une église locale, nous intégrons en fait toute une famille d'église. Galates 3:26 nous dit que la filiation avec Dieu implique d'être frère de Jésus. Les chrétiens sont reliés dans une famille. Nous sommes tous frères (et sœurs) par Jésus. *Vous êtes tous fils de Dieu par la foi en Jésus-Christ.*

Dans l'Ancien Testament, le peuple de Dieu était toujours décrit comme faisant partie d'une famille plus large. Les enfants d'Israël faisaient partie de l'une des douze tribus. Chaque tribu était composée de clans, et chaque clan composé d'un groupe de familles. Gédéon mentionne sa famille, son clan et sa tribu dans Juges 6:15. *Voici que ma parenté est la plus pauvre en Manassé (tribu), et je suis le plus petit dans la maison de mon père.* »

Tout d'abord, je crois que le Seigneur me voit comme un individu-croyant racheté par le sang de Jésus.

Il reconnaît également que je fais partie d'une église-famille spirituelle. Pour moi, cette famille spirituelle commence dans mon petit groupe de croyants, que je vois chaque semaine. Dans les petits groupes, nous sommes nourris, équipés pour servir et nous avons l'occasion de rejoindre l'extérieur. La plupart des églises ont des petits groupes de croyants qui se réunissent régulièrement – classes d'école du dimanche, groupes de jeunes, d'études bibliques, ou des communautés de croyants qui se réunissent dans les maisons. Ce genre de petits groupes constitue un des aspects d'une famille spirituelle.

Un autre aspect d'une vie de famille spirituelle se produit lorsque plusieurs petits groupes de croyants se lient de manière proche pour former une congrégation, une communauté de croyants. Lorsque je me retrouve le dimanche matin avec ma congrégation d'église locale, mon petit groupe et de nombreux autres se rassemblent pour louer le Seigneur et recevoir Sa Parole ensemble. C'est une famille spirituelle élargie. Selon Romains 16, les croyants de Rome se réunissaient ensemble dans les maisons. Il est également clair qu'ils étaient en lien les uns avec les autres dans toute la ville, constituant un réseau de familles spirituelles élargies, ou congrégations.

Une troisième sphère de famille spirituelle fait souvent référence à la dénomination à laquelle notre église appartient, sa famille d'églises. Chaque fois qu'un groupe d'églises avance ensemble comme « un réseau d'églises » ou « une communauté apostolique », ils forment une nouvelle sphère de relations familiales encore plus étendue. Notre église fait partie d'une famille d'églises qui collaborent dans diverses parties du monde, représentant une famille spirituelle plus large.

Les Israélites étaient répartis en douze tribus et en une multitude de clans et de familles. Ils étaient connus collectivement comme les « enfants d'Israël ». De la même façon, l'église de Jésus-Christ est composée de croyants dans des petits groupes, des congrégations et des dénominations qui ensemble représentent le royaume de Dieu.

REFLEXION
Décrivez la façon dont votre groupe local de croyants est lié avec d'autres groupes. Vous sentez-vous faire partie de la famille de l'église ?

Jour 2
Les relations familiales apportent l'unité

Quelle que soit notre affiliation ecclésiale ou dénomination, nous devenons une famille par Christ. Lorsque nous réalisons que les murs ont été brisés et que nous avons besoin les uns des autres en tant que croyants, nous saurons avec certitude que chaque groupe ou chaque église dans le corps de Christ est important pour Lui. *Il n'y a plus ni Juif ni Grec, il n'y a plus ni esclave ni libre, il n'y a plus ni homme ni femme, car vous tous, vous êtes un en Christ-Jésus* (Galates 3:28).

Chaque église dans chaque communauté et chaque dénomination ou famille d'églises possède certaines forces qui contribuent à aider le corps de Christ plus large. Dieu utilise beaucoup de familles d'églises différentes pour accomplir Ses projets sur terre. Nous sommes appelés par le Seigneur à marcher à l'unisson avec les autres églises, dénominations et groupes de croyants afin que nous puissions d'une même voix glorifier notre Dieu et travailler ensemble à bâtir son Royaume.

Tout au long de l'histoire, il y a eu de nombreuses situations où, par Son Esprit, Dieu a levé divers « mouvements », des nouvelles familles d'églises et des dénominations pour apporter réforme et rafraîchissement à son peuple. Par exemple, de nombreuses églises méthodistes remontent aux dix-huitième et dix-neuvième siècle lorsque John Wesley et l'équipe d'homme qui travaillaient avec lui ont obéi à l'appel de Dieu de partager l'Evangile de Jésus-Christ et d'« implanter » de nouveaux groupes de croyants dans les nations du monde. Aujourd'hui, vous pouvez trouver des églises méthodistes dans le monde entier.

Il y a une église morave dans la ville où je vis. Les Moraves, qui ont leurs racines en Europe, ont été envoyés dans de nombreuses nations pour partager l'Evangile. En fait, ils ont prié vingt-quatre heures sur vingt-quatre pendant un siècle, tout en envoyant des missionnaires pour partager l'Evangile de Jésus-Christ et démarrer de nouvelles églises dans les nations. Ils avaient un vrai sens de famille alors qu'ils collaboraient pour atteindre cet objectif.

Au cours des années 1960 et 1970, le mouvement charismatique a explosé dans le monde entier. Dieu montrait à son Eglise que chaque croyant a besoin d'être rempli du Saint-Esprit et d'expérimenter Ses dons. Dieu continue d'agir parmi Son peuple, les citoyens de Son Royaume. Nous sommes liés ensemble dans l'unité par nos relations familiales !

REFLEXION

Pourquoi est-il important de reconnaître que nous avons besoin les uns des autres dans le corps de Christ ? Pourquoi les églises locales ont-elles besoin d'être en relation avec d'autres églises ?

Jour 3
De nouvelles outres pour une nouvelle vie

Je crois que le Seigneur veut déverser son Esprit sur notre génération. Ce faisant, des milliers de personnes vont entrer dans le royaume de Dieu. Jésus nous encourage à ouvrir nos yeux et à réaliser qu'il y a beaucoup de gens perdus dans le monde qui

Qu'est-ce que l'église ?

ont besoin d'être sauvés. *Ne dites-vous pas qu'il y a encore quatre mois jusqu'à la moisson ? Eh bien ! je vous le dis, levez les yeux et regardez les champs qui sont blancs pour la moisson (*Jean 4:35*).*

Mais comment ces nouveaux croyants peuvent-ils être « moissonnés » ? Les structures ecclésiales et les programmes des églises traditionnelles actuelles ne peuvent pas faire face à une grande moisson. Ils ont déjà les mains pleines. Je crois que nous avons constamment besoin de nouvelles églises qui offrent de nouvelles outres, ou structures, pour des nouveaux croyants en Jésus-Christ. *On ne met pas non plus du vin nouveau dans de vieilles outres, autrement, les outres se rompent, le vin se répand et les outres sont perdues, mais on met le vin nouveau dans des outres neuves, et l'ensemble se conserve (*Matthieu 9:17*).*

Une nouvelle outre est comme un ballon – flexible et pliable. Mettre un nouveau chrétien (le vin nouveau) dans une ancienne structure d'église peut amener la structure à se rompre, et le nouveau chrétien peut être perdu. Les nouveaux chrétiens doivent être placés dans de nouvelles structures d'églises qui sont suffisamment flexibles et capables d'encourager leur croissance spirituelle. De telles nouvelles « outres » peuvent être des petits groupes de croyants se réunissant dans une église de maison ou une cellule. Dans des petits groupes, les gens peuvent être facilement nourris, disciplés et formés comme responsables.

Je crois que le Seigneur va susciter de nombreuses nouvelles outres pour aider à emmagasiner la moisson. Dieu prépare des ouvriers pour rejoindre les masses avec l'Evangile de Jésus-Christ dans notre génération. Il va appeler beaucoup d'entre nous à s'impliquer dans des nouveaux groupes de croyants (de nouvelles outres) dans l'avenir alors qu'Il va nous appeler dans les nations du monde. Les nouveaux réseaux d'églises de maison (voir Jour 6) et les cellules vont collaborer avec les églises plus traditionnelles qui sont déjà dans nos quartiers aujourd'hui.

Nous devons travailler ensemble. Parfois des gens impliqués dans de nouvelles églises ont tendance à mépriser les églises qui existent depuis longtemps. Au lieu de cela, elles devraient honorer leurs « mères » - celles qui les ont précédées. Et les membres des églises plus anciennes devraient se réjouir lorsque de nouveaux mouvements et églises sont démarrés parce qu'ils vont aider à apporter l'Evangile de Christ à un monde désespéré.

Nous avons besoin que tous les corps d'églises s'impliquent dans l'implantation de nouvelles églises dans les nations du monde. Chaque église locale devrait avoir une vision beaucoup plus large qu'elle-même. Jésus a donné des instructions à ses disciples avant son ascension. *Mais vous recevrez une puissance, celle du Saint-Esprit survenant sur vous, et vous serez mes témoins à Jérusalem, dans toute la Judée, dans la Samarie et jusqu'aux extrémités de la terre (*Actes 1:8*).*

En d'autres termes, le Seigneur nous appelle, Son Eglise, à partager l'Evangile, à faire des disciples et à démarrer de nouvelles églises dans notre ville (Jérusalem), notre région (la Judée), l'état ou le pays voisin du nôtre (la Samarie) et dans les nations du monde (les extrémités de la terre) !

REFLEXION
Qui sont « mûrs pour la moisson » (Jean 4:35) ? Pourquoi de nouvelles outres sont-elles importantes pour des nouveaux chrétiens ?

Jour 4
Se réunir dans les maisons comme une famille

L'église primitive avait compris le besoin de nouvelles églises pour répondre aux besoins de toutes les personnes qui venaient au Seigneur. Ils se rencontraient de maison en maison en petits groupes ainsi que tous ensemble dans le temple, pour recevoir l'enseignement de la parole de Dieu et louer le Seigneur ensemble. *Chaque jour avec persévérance, ils étaient au temple d'un commun accord, ils rompaient le pain dans les maisons et prenaient leur nourriture avec allégresse et simplicité de cœur ; ils louaient Dieu et obtenaient la faveur de tout le peuple. Et le Seigneur ajoutait chaque jour à l'Église ceux qui étaient sauvés (*Actes 2:46-47*).*

Après avoir donné ma vie à Jésus-Christ en 1968, j'ai eu une immense faim de Dieu et de Sa Parole. J'ai commencé à me réunir avec d'autres jeunes chrétiens qui faisaient partie d'une église locale de notre communauté pour étudier la Bible et prier. Un jour, nous avons réalisé que Dieu nous appelait à atteindre les perdus qui nous entouraient, et pourtant nous nous contentions de jouir de nos réunions et de nos découvertes dans la Bible. Nous devions devenir des pêcheurs d'hommes (Marc 1:17).

Au cours des années qui ont suivi, ma fiancée et moi avons aidé au démarrage d'un ministère avec une petite équipe de jeunes pour commencer à rejoindre notre génération en dehors des églises du comté de Lancaster, en Pennsylvanie, aux Etats-Unis, où nous habitions. Nous faisions du sport et organisions diverses activités pendant la semaine pour des adolescents et des jeunes ayant de grands besoins spirituels. Ce genre d'évangélisation par l'amitié a produit des résultats, et pendant les années qui ont suivi, des dizaines de jeunes se sont tournés vers Christ.

Ceux qui parmi nous servaient dans ce ministère auprès des jeunes provenaient de diverses églises, nous avons donc tenté d'aider les nouveaux croyants à trouver leur place au sein des églises de notre communauté. Bien que les chrétiens des églises locales soient amicaux et accueillants, le courant ne passait pas. Ces jeunes chrétiens sans arrière-plan ecclésial n'arrivaient simplement pas à s'intégrer dans la vie des églises établies de notre communauté. Nous avons commencé à réaliser qu'il y avait besoin de « nouvelles outres » pour le « vin nouveau ».

Le Seigneur m'a clairement parlé de démarrer une nouvelle outre (une nouvelle structure ecclésiale de petits groupes) pour le vin nouveau (les nouveaux convertis). Après avoir reçu l'accord et la bénédiction des responsables de l'église qui nous avaient envoyés pour démarrer ce nouveau ministère, nous nous sommes lancés par la foi et avons démarré une nouvelle église en octobre 1980. Depuis cette époque, nous avons eu le privilège de voir des gens venir à Christ et être construits ensemble dans des églises locales dans différentes nations du monde.

L'église, ce sont des gens bâtis ensemble dans une relation avec Dieu et les uns avec les autres, qui ont été appelés par Dieu dans un projet et une vision commune. Ils se servent mutuellement, rejoignent ceux qui ont besoin du Christ et soutiennent les responsables locaux que le Seigneur a levés parmi eux.

Vivre l'église véritable, c'est beaucoup plus que d'aller à une réunion chaque dimanche matin. Par exemple, bien que nous n'y pensions pas souvent, un arbre sain a besoin d'avoir un système de racines fort. De la même façon, nous avons découvert dans l'église que ce qui se passe « sous la terre » dans les cellules (petits groupes où les relations se construisent) est d'une importance vitale. Lorsque les relations sont solides et saines dans les petits groupes dans les maisons, les autres rencontres de l'église seront également pleines de vie.

REFLEXION
Comme l'église primitive se réunissait-elle (Actes 2:42-43) ?
Que se passe-t-il quand les gens sont « bâtis ensemble » dans des relations profondes ?

Jour 5
Les familles sont connectées

Pouvez-vous imaginer un maçon prendre un millier de briques, les jeter sur un grand tas et appeler cela un bâtiment ? C'est ridicule !

Afin de construire un bâtiment, un maçon doit prendre des centaines, voire des milliers de briques et les placer stratégiquement les unes sur les autres en les collant les unes aux autres avec du mortier. Le mortier que Dieu utilise pour bâtir son Royaume est le mortier des relations. Dieu, le grand architecte, nous prends vous et moi et nous place dans Son corps, dans un endroit stratégique avec d'autres, afin que nous puissions accomplir Ses desseins.

Très souvent, nous appelons le bâtiment du coin de la rue une « église », mais en réalité la véritable église, ce sont les « gens ». Merci au Seigneur pour les bâtiments que nous pouvons utiliser pour l'adorer et être enseignés dans la parole de Dieu ; cependant, ne confondons jamais le bâtiment église avec la véritable église, le peuple de Dieu.

La Bible dit que nous sommes des « pierres vivantes ». Chaque croyant a été rendu vivant par la foi en Jésus-Christ. Le Seigneur nous bâtit ensemble avec d'autres chrétiens en un genre de maison spirituelle ou communauté. *Et vous-mêmes, comme des pierres vivantes, édifiez-vous pour former une maison spirituelle, un saint sacerdoce, en vue d'offrir des victimes spirituelles, agréables à Dieu par Jésus-Christ (*1 Pierre 2:5*).*

Nous avons dit auparavant que le terme « église » signifie simplement « appelé hors de » - ceux qui sont appelés hors du système du monde pour faire partie du royaume de Dieu. Être croyant en Jésus-Christ implique de vivre dans une contre-culture par rapport au système égoïste du monde. Nous vivons une vie nouvelle d'une manière nouvelle, en obéissant à la parole de Dieu.

Jésus-Christ vit dans son Eglise, ce qui implique qu'Il vit dans Son peuple, Ses « appelés hors de ». Jésus demeure en nous, Son peuple, Son corps. *De lui, le corps tout entier bien ordonné et cohérent, grâce à toutes les jointures qui le soutiennent fortement, tire son accroissement dans la mesure qui convient à chaque partie, et s'édifie lui-même dans l'amour (Ephésiens 4:16).*

Comme un corps humain, nos épaules et nos bras sont liés ensemble par des jointures et des ligaments. Ces jointures et ces ligaments représentent, spirituellement parlant, les relations dans le corps de Christ. Les croyants liés ensemble dans une relation qui réalisent que Jésus-Christ vit en eux peuvent se soutenir mutuellement, se transmettant force et vie spirituelle. C'est pourquoi nous avons besoin d'être connectés à d'autres frères et sœurs dans le corps de Christ. J'ai besoin de mes frères et de mes sœurs pour me donner ce dont j'ai besoin pour croître spirituellement.

REFLEXION
Hors de quoi l'église est-elle appelée? Comment sommes-nous connectés en tant que famille ?

Jour 6
Où Dieu vous a-t-Il placé ?

Le Seigneur qui a créé nos corps prend justement l'image du Corps pour nous expliquer ce que nous sommes. Nous sommes un corps spirituel. N'êtes-vous pas reconnaissant que votre main soit attachée à votre bras ? Si votre main était attachée à votre oreille, cela vous causerait toutes sortes de problèmes ! Nous devons être placés correctement dans le corps de Christ afin de pouvoir être efficaces.

1 Corinthiens 12:18 nous dit que Dieu nous place exactement là où Il veut que nous soyons. *En fait, Dieu a placé chacun des membres dans le corps comme il a voulu.* Il est important que nous

sachions où Dieu nous a placés dans Son Eglise afin de pouvoir servir efficacement. Vous voyez, ce n'est pas l'église de *notre* choix, c'est l'église de *Son* choix.

Il existe différents types et formes d'églises dans nos communautés dans lesquelles nous pouvons nous impliquer. J'appelle « église communautaire » une église traditionnelle se réunissant dans un bâtiment le dimanche matin et impactant la population des quartiers des environs. Elle regroupes la plupart du temps entre cinquante et cinq cent personnes. Une « méga-église » se réunit également dans un bâtiment le dimanche, mais son impact est géographiquement beaucoup plus large. Elle compte souvent plus de mille membres. Finalement, j'appelle « réseau d'églises de maison » un groupe d'églises de maison individuelles, se réunissant souvent dans des foyers, et qui sont des petites églises complètes dirigées par leurs propres anciens. Chaque église de maison, ou « micro-église », se réunit au moins une fois par semaine, collabore avec d'autres églises de maison et d'autres types d'églises des environs.

Où Dieu vous a-t-il placés dans le corps du Christ ? Il existe de nombreuses églises fantastiques dans le monde aujourd'hui. La question n'est pas de savoir laquelle est la meilleure. Chaque famille d'églises a des forces et des faiblesses. La question est : Où Dieu vous appelle-t-Il à vous engager dans Son Eglise ? Quel groupe de croyants le Seigneur vous appelle-t-Il à rejoindre dans cette saison de vie ?

Le Seigneur veut que vous croissiez spirituellement et Il veut vous utiliser pour rejoindre d'autres personnes pour Christ. Trouvez une famille d'église dans laquelle vous êtes à l'aise, puis impliquez vous pour atteindre d'autres personnes. Peut-être le Seigneur veut-Il utiliser votre maison comme un lieu où un petit groupe de croyants peut se réunir et grandir spirituellement. Ouvrez votre maison ! Vous pouvez vous reproduire vous-mêmes spirituellement en accompagnant ou en discipulant d'autres personnes dans leur vie chrétienne. Trouvez votre place dans le corps de Christ !

REFLEXION

Pourquoi Dieu veut-Il nous placer dans un endroit particulier dans Son Eglise (1 Corinthiens 12:18) ? Quelles autres options, en dehors des églises communautaires plus traditionnelles ou des méga-églises, existe-t-il pour pouvoir expérimenter « l'église » ?

Jour 7

Les familles se multiplient

Nous lisons dans le livre des Actes que l'église primitive croissait et se multipliait. Le Seigneur leur avait donné Son Saint-Esprit ainsi qu'une claire stratégie tirée de Sa Parole pour que l'église grandisse. Ces premiers croyants se remémoraient les paroles de notre Seigneur Jésus avant qu'Il ne monte au ciel pour retourner vers Son Père. Il leur avait dit « d'aller et de faire de toutes les nations des disciples... » (Matthieu 28:19). Quelques semaines plus tard, alors qu'ils se rencontraient de maison en maison dans la ville de Jérusalem, le croyants réalisèrent qu'ils étaient responsables d'aider les nouveaux convertis à grandir dans leur relation avec Dieu.

On appelle cela le principe de multiplication. Les croyants en petits groupes sont enseignés et formés pour grandir dans le Seigneur, et beaucoup finissent également pas être formés pour conduire leur propre petit groupe. Ceci a entraîné l'église à se multiplier rapidement! Les croyants de chaque nouveau groupe continuent à offrir ce dont les autres croyants ont besoin pour pouvoir grandir spirituellement, selon Éphésiens 4:16.

Pour que chaque église locale et les groupes de maison restent sains, ils ont besoin de recevoir une vision de Dieu pour grandir en nombre et se multiplier pour démarrer de nouveaux groupes. L'église primitive a grandi rapidement.

En ces jours-là, comme les disciples se multipliaient... La parole de Dieu se répandait, le nombre des disciples se multipliait beaucoup à Jérusalem... (Actes 6:1, 7).

L'église de Jésus-Christ se multipliait. Chaque groupe de croyants se réunissant en petits groupes a besoin de recevoir une vision pour se multiplier et démarrer de nouvelles cellules ou églises de maison. De cette façon, l'église restera saine et forte. Les membres d'une église ou d'un groupe de maison qui ne cherchent plus à amener d'autres personnes à Christ finissent souvent par stagner et même par mourir spirituellement.

Nos corps sont composés de cellules. Les cellules de nos corps passent par un processus appelé mitose. Le processus de mitose est simplement le suivant : une cellule se divise et devient deux. Ces deux cellules se divisent alors à leur tour et deviennent quatre.

Dans nos corps, une cellule qui ne se reproduit pas finit par mourir. Le même principe s'applique à l'église de Jésus-Christ. Les croyants des cellules ou des églises de maison sont appelés par Dieu à avoir une vision pour atteindre de nouvelles personnes, les amener au salut et qu'elles deviennent une partie du corps de Christ. En grandissant, les gens se multiplient par un « mitose spirituelle ».

Dieu nous a tous appelés, individuellement et en tant qu'églises locales, à prier, évangéliser et faire des disciples. Attendons-nous à ce que le Seigneur nous utilise comme Il multiplie Sa vie au-travers de nous dans la vie des autres.

REFLEXION
Expliquez le principe de multiplication. Qu'est-ce qui devait se répandre avant que l'église ne puisse se multiplier dans Actes 6:1, 7 ?

CHAPITRE 3

Qui veille sur vous ?

VERSET CLÉ À MÉMORISER

Nous vous demandons, frères, d'avoir de la considération pour ceux qui travaillent parmi vous, qui vous dirigent dans le Seigneur et qui vous avertissent. Ayez pour eux la plus haute estime avec amour, à cause de leur œuvre. Soyez en paix entre vous.

1 Thessaloniciens 5:12-13

Jour 1

L'importance d'être engagé envers les autres croyants

Les premiers chrétiens avaient une façon très efficace de prendre soin les uns des autres. Ils se réunissaient de maison en maison en petits groupes afin de pouvoir « pratiquer l'amour les uns des autres ». *Bien-aimés, aimons-nous les uns les autres ; car l'amour est de Dieu, et quiconque aime est né de Dieu et connaît Dieu* (1 Jean 4:7).

L'amour ne se passe pas tout seul. Il doit être pratiqué. Ce n'est pas juste un sentiment de bonne volonté mais une décision qui nous motive à aider les gens et à répondre à leurs besoins. Nous ne pouvons pas pratiquement nous engager à aimer et à prendre soin de centaines ou de milliers de personnes. Bien que nous puissions adorer et écouter la parole de Dieu ensemble dans un grand groupe, nous ne pouvons être engagé pratiquement qu'envers un petit groupe de gens à la fois. Paul a servi dans des grandes réunions publiques comme dans des petits groupes dans les maisons, d'après Actes 20:20: *Sans rien dissimuler, je vous annonçais et vous enseignais publiquement et dans les maisons.*

Un christianisme pratique se produit lorsque des croyants se réunissent ensemble pour atteindre leurs voisins et collègues avec l'Evangile de Jésus-Christ et s'aider mutuellement à grandir dans la maturité en Christ. Les croyants dans ma famille d'église se réunissent régulièrement en petites cellules pour prier pour les malades et les personnes en souffrance, apportant l'amour et le pardon de Dieu les uns aux autres. Notre engagement mutuel est sincère et réel. Nous prenons vraiment soin les uns des autres. Notre groupe de maison est notre famille spirituelle.

Dans certaines églises, les croyants montrent leur engagement envers les autres membres de leur église de maison ou cellule en faisant une simple promesse d'engagement envers leur famille spirituelle. Le fait de prononcer cette promesse ne constitue pas tant une question de doctrine ou de philosophie, mais un engagement envers Jésus et Son peuple de prendre soin les uns des autres. Je crois qu'un engagement envers l'église locale représente un engagement envers Dieu, Sa Parole et les autres croyants davantage qu'un engagement envers une organisation ou une institution. Nous démontrons réellement notre engagement envers les autres croyants dans nos petits groupes en interagissant fidèlement et en construisant des relations avec eux. Ils sauront si nous nous soucions d'eux et si nous faisons d'eux une priorité dans notre vie.

Bien que les anciens de notre église soient ceux qui veillent sur notre bien-être spirituel (comme nous allons le voir dans la section suivante), je suis très reconnaissant pour les croyants dans mon petit groupe qui me servent pratiquement, prient pour moi et m'encouragent dans ma marche avec Jésus-Christ.

REFLEXION
En quoi un petit groupe constitue-t-il un excellent moyen de promouvoir une réelle communion ? Comment avez-vous contribué à répondre aux besoins des autres dans votre petit groupe ?

Jour 2
Les leaders nous offrent une protection spirituelle

D'après Hébreux 13:7, 17, Dieu place des leaders spirituels dans nos vies qui sont responsables devant Dieu de veiller sur nous. *Souvenez-vous de vos conducteurs qui vous ont annoncé la parole de Dieu ; considérez l'issue de leur vie et imitez leur foi.*

Obéissez à vos conducteurs et soyez-leur soumis. Car ils veillent au bien de vos âmes, dont ils devront rendre compte. Faites en sorte qu'ils puissent le faire avec joie et non en gémissant, ce qui ne serait pas à votre avantage.

Les responsables spirituels dans nos vies nous offrent une protection spirituelle, et nous devons suivre leur exemple alors qu'ils placent leur foi en Jésus-Christ. Nous devrions nous souvenir d'eux, recevoir la parole de Dieu de leur part, leur obéir et leur être soumis... en bref : faire tout notre possible pour que leur responsabilité soit vécue avec joie et qu'elle ne soit pas pénible. La Bible nous dit que le diable est comme un lion rugissant qui cherche à nous dévorer (1 Pierre 5:8). C'est pour cela que nous avons besoin de responsables spirituels – pour nous protéger et nous encourager.

D'après 1 Thessaloniciens 5:12-13, le Seigneur nous a appelés à reconnaître et à honorer ceux qu'Il a placés dans nos vies comme responsables spirituels. *Nous vous demandons, frères, d'avoir de la considération pour ceux qui travaillent parmi vous, qui vous dirigent dans le Seigneur et qui vous avertissent. Ayez pour eux la plus haute estime avec amour, à cause de leur œuvre. Soyez en paix entre vous.*

J'ai passé beaucoup de temps à voyager dans différentes nations du monde ces dernières années, et j'ai été béni à maintes reprises par les leaders spirituels que le Seigneur a placés dans ma vie. Nos responsables de petits groupes, nos pasteurs et anciens locaux ont été pour nous un formidable encouragement et nous ont offert un sentiment de protection, à moi et à ma famille. A de nombreuses reprises, ces précieux frères et sœurs en Christ ont prié pour nous, nous ont encouragés et exhortés. Ce responsables spirituels m'ont encouragé et se sont assurés que je prenne suffisamment de temps avec ma famille même dans les périodes où mon emploi du temps était très dense. Je suis si reconnaissant au Seigneur que mes responsables spirituels aient mon meilleur intérêt à cœur.

REFLEXION
Recensez des façons dont vos responsables spirituels ont veillé sur vous.

Jour 3
Les leaders nous aident à rester sur le bon chemin

La Bible nous dit dans Actes 2:42 que les premiers croyants « *persévéraient dans l'enseignement des apôtres, dans la communion fraternelle, dans la fraction du pain et dans les prières* ». Les premiers chrétiens persévéraient dans l'étude des Ecritures et apprenaient de la prédication et des enseignements des premiers responsables d'église. L'apôtre Paul a dit aux anciens de l'église d'Ephèse dans Actes 20:28-31 *que l'ennemi va tenter d'infiltrer l'hérésie dans l'église de Jésus-Christ. Prenez donc garde à vous-mêmes et à tout le troupeau au sein duquel le Saint-Esprit vous a établis évêques, pour faire paître l'Église de Dieu qu'il s'est acquise par son propre sang. Je sais que parmi vous, après mon départ, s'introduiront des loups redoutables qui n'épargneront pas le troupeau, et que du milieu de vous se lèveront des hommes qui prononceront des paroles perverses, pour entraîner les disciples après eux. Veillez donc, en vous souvenant que, pendant trois ans, je n'ai cessé nuit et jour d'avertir avec larmes chacun de vous.*

Le Seigneur nous a donné Sa Parole et Il place des leaders spirituels dans nos vies pour nous garder de l'hérésie (des faux enseignements qui sont spirituellement destructeurs). Il y a de nombreuses « voix » aujourd'hui qui demandent notre attention. Nous pouvons faire confiance à la parole de Dieu et nous pouvons faire confiance aux leaders spirituels qui portent de bons fruits (caractère et intégrité) dans leur vie (Matthieu 7:15-20).

Je suis reconnaissant pour les responsables spirituels que Dieu a levés tout autour du monde. Aucune église ou famille d'églises (dénominations) ne possède toute la vérité. Nous devons étudier la parole de Dieu et apprendre de nos responsables spirituels, non seulement dans nos églises locales, mais dans le corps de Christ plus large. Les responsables spirituels nous aident à ne pas tomber dans des ornières en nous focalisant sur des questions mineures (Romains 14:5) et des hérésies qui cherchent à s'infiltrer dans le corps de Christ.

REFLEXION
Pourquoi les hérésies sont-elles si dévastatrices pour une église ? Comment nous garder de l'hérésie, selon Actes 2:42 ?

Jour 4
Les leaders équipent

Le Seigneur appelle les croyants ayant des capacités de leadership spirituel à édifier et à fortifier les croyants dans l'église afin que tous les croyants puissent être préparés pour l'œuvre du service. Dieu libère des dons de leadership spécifiques dans le corps de Christ afin que les personnes qui ont ces dons puissent nous équiper pour le service en accord avec Éphésiens 4:11-12. *C'est lui qui a donné les uns comme apôtres, les autres comme prophètes, les autres comme évangélistes, les autres comme pasteurs et docteurs, pour le perfectionnement des saints. Cela en vue de l'œuvre du service et de l'édification du corps du Christ.*

Ces cinq dons de ministère (apôtre, prophète, évangéliste, pasteur et enseignant) sont donnés à divers individus dans le corps de Christ, qui sont ensuite responsables de former et d'équiper les autres. Les dons sont « déposés » dans des leaders spirituels appelés par le Seigneur à nous former pour que nous puissions servir les autres efficacement. Ceux qui ont ces dons ont ainsi la capacité de former chaque croyant pour toute une vie de service.

Les apôtres sont donnés à l'église pour nous aider à recevoir une vision du Seigneur pour rejoindre le monde. Les prophètes sont donnés pour nous former dans l'écoute de la voix de Dieu. Les évangélistes sont appelés par Dieu à nous former et à nous « mettre en mouvement » vers les perdus. Les pasteurs sont mandatés par le Seigneur pour nous encourager, nous protéger et nous montrer comment faire des disciples. Les enseignants ont une onction divine pour nous aider à comprendre la parole de Dieu. Certains leaders spirituels peuvent avoir plus d'un don à l'œuvre dans leur vie.

Le projet de Dieu est que nous utilisions ces cinq dons dans son église locale autant que possible pour nous (les saints) équiper pour l'œuvre du service. Lorsque nous sommes équipés, nous sommes aussi capables de servir ! Chaque croyant a un ministère. Un pasteur ou un responsable d'église n'est pas le seul à pouvoir servir. Chaque croyant est appelé à servir les autres au nom de Jésus. Vous pouvez recevoir un apport d'une personne ayant une capacité de leadership spirituel (un don) et être équipé et fortifié alors que vous grandissez dans la maturité en tant que chrétien.

REFLEXION
Citez les cinq dons ministériels donnés au corps de Christ.
Avez-vous été équipé et libéré dans un don particulier que vous pouvez utiliser pour servir les autres ?

Jour 5
Les leaders dirigent

Que pouvons-nous apprendre du Nouveau Testament sur la façon dont le leadership fonctionne pratiquement dans une église locale ? Actes 15 nous parle d'une dispute dans l'église et de la façon dont elle a été résolue. Paul, envoyé comme apôtre, rencontra les responsables de l'église à Jérusalem pour parler d'un problème.

Jacques était clairement le leader de l'église de Jérusalem avec un groupe d'anciens qui travaillaient avec lui. *Le lendemain, Paul se rendit avec nous chez Jacques, et tous les anciens y vinrent aussi* (Actes 21:18).

Jacques et son équipe d'anciens étaient responsables de trouver des solutions aux problèmes en priant et en écoutant le Père. Dans chaque église locale, il devrait y avoir un groupe d'anciens, aux côtés d'une personne appelée à donner une claire supervision à cette équipe et à l'église locale. Dieu appelle des équipes à travailler ensemble pour un objectif commun ; cependant, le Seigneur choisit toujours une personne pour diriger cette équipe. *Que l'Éternel, le Dieu des esprits de toute chair, établisse sur la communauté un homme* (Nombres 27:16).

Chaque église locale, chaque famille d'églises et chaque cellule, groupe de maison ou église de maison a besoin d'une équipe de leadership clairement établie, aux côtés d'une personne choisie par Dieu pour diriger l'équipe. Par exemple, dans une relation mari-femme, il y a un sens de travail d'équipe réel. Dans un mariage sain, le mari et sa femme prennent des décisions ensemble ; cependant, le mari est appelé à être la tête du foyer et il devrait aimer et prendre soin de sa femme. Lorsque, dans des temps de crise, une décision doit être prise, le mari est responsable de la décision finale.

Lorsqu'un avion vole, tout l'équipage travaille ensemble comme une équipe. Cependant, si une crise survient, ou pendant le décollage et l'atterrissage, qui prend les décisions ? Le pilote. Ceci est basé sur une décision spirituelle. Par exemple, dans votre église locale, Dieu a appelé quelqu'un à donner un leadership clair à l'église, et pourtant dans le même temps, il devrait y avoir un réel sens de travail en équipe parmi l'équipe de responsables.

Actes 14:21-23 nous dit que Paul et Barnabas avaient le souci que chaque église locale dans toutes les régions ait un groupe d'anciens (leadership spirituel) clairement établi. Dans le Nouveau Testament, nous voyons divers types de leaderships spirituels mentionnés. Actes 15:6 dit : *Les apôtres et les anciens se réunirent pour examiner cette affaire.* Les anciens étaient les personnes qui se réunissaient pour superviser les assemblées locales. Les apôtres étaient ceux qui avaient une sphère de supervision plus large car ils étaient appelés à superviser des responsables d'églises de différentes parties du monde. En tant que « superviseurs apostoliques », ils étaient responsables de prendre soin, de superviser, d'encourager et d'équiper les anciens locaux qui servaient les gens dans leur région ou dans leur sphère d'influence. *Pour nous, nous ne voulons pas nous glorifier hors de toute mesure, nous prendrons au contraire pour mesure le domaine que Dieu nous a départi en nous faisant parvenir aussi jusqu'à vous* (2 Corinthiens 10:13).

L'apôtre Paul expliquait aux chrétiens de Corinthe qu'ils se trouvaient dans sa sphère de responsabilité. Paul n'était pas un ancien local dans l'église de Corinthe ; cependant, il était responsable de superviser l'équipe d'anciens de cette région. Paul se décrivait lui-même comme un apôtre. Différentes dénominations utilisent différentes terminologies pour décrire ces superviseurs apostoliques dans l'église d'aujourd'hui ; cependant, ils accomplissent toujours un rôle similaire de supervision des pasteurs et des anciens dans l'église locale.

REFLEXION
D'après Actes 15, comment l'église primitive a-t-elle démontré le fait que le leadership en équipe est plus efficace que si une personne dirige toute seule ? Pourquoi est-il important un leadership clair pour une équipe ?

Jour 6
Des leaders choisis par Dieu et confirmés par Son peuple

Comme c'est le projet de Dieu que son église grandisse et se multiplie, Il désire constamment libérer de nouveaux responsables dans Son église. Le leadership de l'église d'Antioche s'est réuni pour jeûner et prier, puis le Saint-Esprit a appelé Barnabas et Saul à une nouvelle tâche d'implantation d'églises. *Il y avait, dans l'Église qui était à Antioche, des prophètes et des docteurs : Barnabas, Siméon appelé Niger, Lucius de Cyrène, Manaën qui avait été élevé avec Hérode le tétrarque, et Saul. Pendant qu'ils célébraient le culte du Seigneur et qu'ils jeûnaient, le Saint-Esprit dit : « Mettez-moi à part Barnabas et Saul pour l'œuvre à laquelle je les ai appelés. » Alors, après avoir jeûné et prié, ils leur imposèrent les mains et les laissèrent partir (Actes 13:1-3).*

Barnabas et Saul ont été envoyés par le Saint-Esprit pour faire l'œuvre de Dieu. Le Saint-Esprit est Celui qui appelle les responsables d'églises et les croyants dans des domaines de ministère. Après avoir été appelés, les leaders spirituels d'Antioche ont confirmé les nouveaux leaders, leur ont imposé les mains et ont prié pour eux pour qu'ils soient envoyés pour accomplir l'appel du Seigneur sur leur vie.

Dans l'église d'aujourd'hui, différentes familles d'églises ont différentes façons de choisir leurs responsables. Certaines églises sont gouvernées par une démocratie. Une démocratie est en résumé une église dirigée par le peuple. Soit un comité est formé, soit il y a un type de consensus ou de vote pour prendre des décisions au sujet du leadership de l'église.

D'autres sont gouvernées par une théocratie. Je suis persuadé que Dieu veut restaurer la théocratie dans son église. Le gouvernement de l'église par la théocratie implique que le leadership de l'église jeûne et prie, et que le Saint-Esprit leur parle de qui Il appelle à des responsabilités spirituelles. Le peuple de Dieu, par le jeûne et la prière, confirme le fait que le Saint-Esprit appelle cette personne à des responsabilités spirituelles. Dans le Nouveau Testament, les leaders spirituels étaient appelés par Dieu de cette façon.

D'après ma compréhension, le leadership d'une église locale (ou d'une cellule) devrait être établi parce que Dieu est Celui qui a appelé ce responsable spirituel à un rôle de supervision et de service. Lorsque Dieu appelle une personne au leadership, cela sera confirmé par d'autres responsables et par le corps de Christ qui l'entoure. Vous souvenez-vous de David, le petit berger appelé par Dieu à devenir roi d'Israël ? Il a été oint d'huile par le prophète Samuel (1 Samuel 16:13) ; cependant, ce ne fut que bien des années plus tard que David a été confirmé par d'autres et est effectivement devenu le nouveau roi d'Israël. Entre le temps de son appel et le temps de l'accomplissement de cette prophétie, David a passé par bien des heures sombres, devant se cacher d'un roi démonisé qui tentait de le tuer. Mais le jour est venu où David a été reconnu comme roi d'Israël par d'autres leaders autour de lui et finalement par le peuple de Dieu.

Je crois qu'il est avantageux d'avoir des responsables spirituels hors de la congrégation également impliqués dans ce processus de discernement de nouveaux responsables. Dans Tite 1:5, Paul demande à Tite de prendre la responsabilité du processus de choix de leaders dans les églises de Crète. *Je t'ai laissé en Crète, afin que tu mettes en ordre ce qui reste à régler, et que, selon mes instructions, tu établisses des anciens dans chaque ville.* Quiconque a reçu une autorité par le Seigneur doit aussi être sous une autorité. Tite servait sous l'autorité de Paul comme apôtre dans l'église primitive.

REFLEXION
Qu'implique le gouvernement de l'église par la théocratie ?

Jour 7
Les leaders sont toujours des serviteurs

Les leaders dans le corps de Christ sont appelés à être des serviteurs. Jésus-Christ était le plus grand leader qui ait jamais vécu, et Il a dit : *Mais quiconque veut être grand parmi vous sera votre serviteur et quiconque veut être le premier parmi vous sera votre esclave. C'est ainsi que le Fils de l'homme est venu, non pour être servi, mais pour servir et donner sa vie en rançon pour beaucoup* (Matthieu 20:26b-28).

Si quelqu'un vient me voir et me dit qu'il est appelé à être un leader, je ne me laisse pas impressionner par son charisme ou sa connaissance de la Bible. La clé réelle de sa capacité à diriger dépend de s'il aime Jésus ou non, s'il aime Son peuple ou non et s'il est prêt à servir.

Les églises reconnaissent souvent des individus au sein de leur congrégation ayant un ministère particulier dans le service, qu'on appelle des « diacres ». La Bible nous explique que les diacres devaient d'abord être mis à l'épreuve avant d'être établis comme diacres (1 Timothée 3:10). Lorsqu'une personne désire s'impliquer dans une responsabilité dans l'église, quelle qu'elle soit, elle devrait d'abord passer par une période d'essai.

Les gens sont comme des pièces de puzzle. Certains peuvent bien s'assembler et d'autres pas. C'est ainsi que cela fonctionne dans le royaume de Dieu. Cela prend du temps jusqu'à ce que nous sachions si oui ou non Dieu a placé des gens ensemble afin qu'ils puissent travailler paisiblement et efficacement l'un avec l'autre.

Il y a parfois des problèmes dans certaines églises parce que le pasteur ou le leader a été choisi avec de bonnes intentions, mais les pièces ne semblent simplement pas bien « coller » ensemble. Si mon bras est brisé, un médecin va le mettre dans un plâtre. Il faudra un certain temps pour qu'il soit guéri. Les gens ont besoin de temps pour bien fonctionner ensemble. Si le Seigneur vous appelle à vous impliquer dans une église locale, permettez Lui de prendre suffisamment de temps pour vous tisser à d'autres relationnellement avec les gens de l'église. La construction de relations prend du temps. Les relations sont bâties sur la confiance, et la confiance met du temps à se développer. Ces relations peuvent être bâties efficacement avec un petit groupe de croyants.

Par conséquent, lorsque quelqu'un vient dans une église locale et se rattache à un groupe de maison, des responsables spirituels sages donneront à Dieu le temps nécessaire pour travailler dans la vie de cette personne avant de la placer en position de responsabilité spirituelle. Alors que la grâce de Dieu deviendra évidente dans la vie de ce croyant, il suffira de peu de temps pour que les gens qui l'entourent commencent à la considérer comme un leader. Les responsables spirituels qui sont sensibles au Saint-Esprit vont commencer à la libérer dans des sphères de leadership, peut-être comme aide-responsable dans le groupe de maison. Cela peut constituer un terrain d'entraînement pour des responsabilités plus importantes à l'avenir.

REFLEXION
En quoi Jésus a-t-il été le modèle d'un responsable serviteur ?
Pourquoi les leaders doivent-ils être testés avant qu'une responsabilité ne leur soit donnée ?

CHAPITRE 4

Notre engagement envers l'église locale

VERSET CLÉ À MÉMORISER

Efforcez-vous de conserver l'unité
de l'Esprit par le lien de la paix.

Ephésiens 4:3

Jour 1

Une vision commune dans l'église

Vous êtes-vous déjà rendu dans une réunion d'église en vous disant que c'était vraiment un super groupe de chrétiens, mais que quelque part vous ne vous sentiez pas à votre place ? Bien qu'il n'y ait rien de mal avec cette église, Dieu ne vous appelait simplement pas à la rejoindre. Chaque croyant doit être placé dans le corps de Christ afin qu'il puisse travailler la main dans la main avec des croyants avec lesquels il partage une vision commune. En même temps, nous devons confirmer le reste du corps de Christ autour de nous afin que les projets de Dieu puissent se réaliser. Souvenez-vous, Dieu est un Dieu créatif. De la même façon que le Seigneur nous a créés vous et moi, Il a créé différents types de congrégations dans Sa grande famille, l'Eglise. Ensemble, elles accomplissent les projets de Dieu.

Les Ecritures disent que nous ne devrions pas labourer avec un âne et un bœuf attelés ensemble (Deutéronome 22:10). Pourquoi ? Parce qu'ils avancent à un rythme différent. Nous devons nous assurer que les gens avec qui nous « marchons » dans notre église locale sont ceux avec lesquels le Seigneur nous a placés, afin que nous puissions marcher dans l'unité et qu'Il puisse envoyer Sa bénédiction. *Voici qu'il est bon, qu'il est agréable pour des frères d'habiter unis ensemble ! ... Car c'est là que l'Éternel donne la bénédiction, la vie, pour l'éternité (Psaumes 133:1, 3b).*

Vous pouvez faire des hamburgers au McDonald's, mais si vous allez travailler dans un autre restaurant, ils vont faire leurs hamburgers un peu différemment de la façon dont vous avez été formé. Chaque église a différentes façons de faire les choses. Elles ont différentes visions que le Seigneur leur a données.

Par exemple, certaines églises préfèrent chanter des hymnes tandis que d'autres préfèrent des refrains et des temps de louange avec des instruments. Certaines églises vont peut-être se concentrer sur des études bibliques systématiques, tandis que d'autres vont mettre l'accent sur l'évangélisation. Nous devons rejoindre une église où nous pouvons être en accord avec les « valeurs » fondamentales que les leaders spirituels nous enseignent.

Dans une église cellulaire ou une église de maison, chacun fait partie d'un petit groupe dans lequel il peut être redevable envers ses frères et sœurs sur la façon dont il vit sa vie chrétienne. Ces groupes plus petits ont pour vision d'aider les croyants à grandir et de les aider dans les zones de faiblesse dont ils sont moins conscients.

La vision d'une église nous encourage à soutenir le leadership que Dieu lève au milieu de nous et à nous y soumettre. Lorsque une église se met d'accord pour poursuivre une vision commune, il sera plus facile d'« habiter unis ensemble » !

Lorsque vous vous joignez à une famille d'église, il est important de comprendre ses « racines ». Découvrez pourquoi Dieu a fait « naître » cette communauté. Le fait de bien comprendre le passé vous donnera un sens clair de ce qui va faire avancer votre église locale. Vous verrez la fidélité de Dieu.

L'histoire des démarrages de votre église ou de votre dénomination se trouve peut-être on-line ; sinon, adressez-vous aux leaders de votre communauté pour obtenir des informations. L'histoire de notre famille d'églises, DOVE International, est décrite dans un livre, *House to House*[1]. Nous encourageons toute personne appelée à faire partie de notre famille ecclésiale à lire ce livre pour comprendre d'où nous venons et ce que le Seigneur nous a appelés à faire.

Quelqu'un a dit une fois : « Nous bâtissons sur les épaules de ceux qui nous ont précédés. » Très souvent, des erreurs sont faites parce que nous n'avons pas intégré les leçons apprises par nos pères spirituels.

Bien que chaque église locale doive avoir une vision claire, nous devons nous souvenir que rien ne se passe si ce n'est par la grâce de Dieu. La responsabilité qu'il se passe quelque chose appartient à Dieu. Vous et moi avons simplement besoin d'être obéissants. Nous « plantons nos semences » dans la foi, en nous attendant à ce qu'elles poussent, mais ce n'est pas notre responsabilité de les faire grandir. Nous collaborons avec Dieu pour Sa gloire.

REFLEXION
Comment votre vision personnelle s'accorde-t-elle avec celle de votre église (ou de votre petit groupe) ?

Jour 2
Sachez où vous êtes appelé

Peut-être vous demandez-vous : « Comment puis-je vraiment savoir où Dieu m'a placé dans Son église ? » Tout d'abord, commencez par prier. Demandez à Dieu : « Qui sont les chrétiens avec lesquels je suis en relation ? » Souvenez-vous, le Seigneur place Ses enfants en relation afin qu'ils puissent Le servir. Les Ecritures nous disent également: *Que la paix du Christ, à laquelle vous avez été appelés pour former un seul corps, règne dans vos cœurs (Colossiens 3:15)*. En d'autres termes, vous saurez où vous êtes appelés en priant et en faisant des pas de foi et d'obéissance.

Nous vivons dans les derniers temps, et Dieu nous affirme qu'Il va déverser son Esprit sur toute chair. Vous pouvez vous attendre à voir cela se produire. La Bible dit dans Actes 2:17-18 que *« dans les derniers jours, dit Dieu, je répandrai de mon Esprit sur toute chair ; vos fils et vos filles prophétiseront, vos jeunes gens auront des visions, et vos vieillards auront des songes. Oui, sur mes serviteurs et sur mes servantes, dans ces jours-là, je répandrai de mon Esprit ; et ils prophétiseront. »*

Quand le Seigneur a déversé son Esprit au chapitre 2 du livre des Actes, l'église est née à Jérusalem. Des croyants se sont réunis de maison en maison dans toute la ville. Lorsque Dieu va répandre son Esprit dans notre génération, il y aura besoin de beaucoup de « nouvelles outres ». De nouvelles églises seront démarrées pour prendre soin de la moisson qui vient, car un grand nombre de nouveaux croyants vont naître dans le royaume de Dieu. Certaines églises seront communautaires, d'autres seront des méga-églises et d'autres des églises de maison ou « micro-églises ». Dieu vous appellera peut-être à faire partie d'une nouvelle communauté de croyants à l'avenir.

Faites confiance au Seigneur pour qu'Il vous conduise vers des leaders spirituels ouverts et transparents dans leur propre vie. Les responsables spirituels doivent être transparents dans leur vie chrétienne, partageant leurs faiblesses autant que leurs forces.

Demandez au Seigneur de vous conduire vers des croyants prêts à prier avec vous pour vous aider à discerner où le Seigneur veut vous placer dans Son corps. Dieu veut vous connecter à une église locale où vous pourrez être formé, protégé et disponible pour servir les autres.

REFLEXION

D'après Colossiens 15, quelle est l'évidence de base que vous êtes là où Dieu vous veut ?

Jour 3
L'accord dans l'église locale

Tous les croyants dans une église locale devraient connaître ce que leur église croit. Chaque église locale devrait avoir une « déclaration de foi » claire et un énoncé écrit de la mission que le Seigneur leur a confiée. Billy Graham et un groupe de responsables spirituels se sont réunis à Lausanne en 1974 et le Seigneur leur a donné une déclaration de foi appelée la Déclaration de Lausanne. C'est cette déclaration que notre église, ainsi que des milliers d'autres églises tout autour du monde, utilise comme déclaration de foi. Elle déclare qu'il y a un seul Dieu et que la Bible est la parole de Dieu inspirée. Elle affirme toutes les doctrines chrétiennes majeures qui sont si précieuses pour nous en tant que croyants en Jésus-Christ. Si vous réfléchissez à rejoindre une famille d'églises, demandez à lire leur déclaration de foi.

En plus de connaître la déclaration de foi de votre église et d'être en accord avec elle, Dieu appelle les leaders de l'église et tout le peuple de Dieu à travailler ensemble dans l'unité. *Efforcez-vous de conserver l'unité de l'Esprit par le lien de la paix* (Ephésiens 4:3).

Alors que nous préservons l'unité dans notre famille spirituelle locale, Dieu va continuer à déverser Sa bénédiction sur nous. Si quelqu'un vient vous trouver au sujet d'un problème avec un responsable dans votre église locale, encouragez-le à parler avec le responsable en question. Il n'y a pas de place pour les critiques et les commérages dans le royaume de Dieu. Sinon, l'ennemi va utiliser cela comme une porte d'entrée pour la division. Si les croyants de votre petit groupe ne sont pas en accord avec les responsables de l'église locale, ils doivent prier puis parler de leurs problèmes avec les leaders, pas avec les autres croyants de l'église. Les personnes en position de leadership devraient être ouvertes à écouter les préoccupations de ceux qu'ils dirigent. Des responsables matures seront prêts à entendre vos questions. L'ennemi sait qu'une brèche dans l'unité va bloquer l'œuvre de Dieu plus que tout autre chose dans l'église locale. C'est pourquoi les Ecritures disent dans 1 Corinthiens 1:10 que nous devrions nous exhorter les uns les autres. *Je vous exhorte, frères, par le nom de notre Seigneur Jésus-Christ : tenez tous le même langage, qu'il n'y ait pas de divisions parmi vous, mais soyez en plein accord dans la même pensée et dans la même opinion.*

REFLEXION
Quelle est votre responsabilité pour maintenir l'unité dans votre petit groupe, dans votre église et dans votre famille?
Pourquoi est-il si important pour les croyants d'une église locale d'être en accord les uns avec les autres (1 Corinthiens 1:10)?

Jour 4
Soutenez la vision de votre église

Si chaque personne appelée à faire partie d'une église locale s'engage à être en relation avec un petit groupe de croyants au sein de l'église, il y aura des relations saines dans toute l'église. Dans le Nouveau Testament, le peuple de Dieu se réunissait en petits groupes de croyants dans les maisons. Tout le monde était nécessaire. *Ainsi le corps n'est pas formé d'un seul membre, mais de plusieurs. Si le pied disait : « Parce que je ne suis pas une main, je ne suis pas du corps, » — il n'en est pas moins du corps pour autant. Et si l'oreille disait : « Parce que je ne suis pas un œil, je ne suis pas du corps, » — elle n'en est pas moins du corps pour autant. Si tout le corps était œil, où serait l'ouïe ? S'il était tout ouïe, où serait l'odorat ? En fait, Dieu a placé chacun des membres dans le corps comme il a voulu* (1 Corinthiens 12:14-18).

Tout comme chaque membre du corps humain est important, chaque membre de l'église locale devrait savoir où et comment il est connecté au corps de notre Seigneur Jésus-Christ. Si vous avez des questions quant à la vision spécifique de votre église locale, il est important de vous asseoir avec vos responsables pour avoir une compréhension claire de ce que le Seigneur a appelé votre église à faire. Il est de la plus haute importance que les croyants soutiennent la vision et le leadership de l'église locale dans laquelle ils servent.

Si vous ne pouvez pas soutenir le leadership et la vision de votre église locale, c'est que le Seigneur vous appelle certainement dans une autre église.

Avez-vous déjà remarqué comment un groupe de maisons dans un quartier peuvent se ressembler parce qu'elles ont été conçues par le même architecte avec son style particulier ? La plupart de ces maisons, cependant, sont différentes à l'intérieur. De la même façon, bien qu'elles puissent « se ressembler » ou paraître similaires, diverses églises ont différents appels du Seigneur, et en tant que familles spirituelles, elles ont toutes leurs caractéristiques propres qui les rendent uniques.

Nous devons être sûrs d'être placés au sein d'une famille spirituelle dans laquelle nous pouvons grandir et soutenir le leadership et la vision de notre église locale. Dieu nous a appelés à nous engager envers Lui, envers Sa Parole et envers Son peuple d'une manière pratique dans une église locale.

REFLEXION
Décrivez comment le corps de Christ est comme un corps humain. Que se passe-t-il lorsque quelqu'un n'est pas à sa place dans le corps ? Que devriez-vous faire si vous avez l'impression de ne pas être à votre place ?

Jour 5
Unifiés, mais pas exclusifs

Il est important d'avoir la même vision de base au sein d'une famille spirituelle ou d'une église locale, car si nous ne sommes pas dans l'unité, Dieu ne pourra pas envoyer Sa bénédiction (Psaume 133:1-3). Mais nous ne pouvons pas être exclusifs. Dans la première épître aux Corinthiens, un des croyants disait : « Je suis de Paul », et un autre disait : « Je suis d'Apollos », un autre disait : « Je suis de Céphas (Pierre) », et un autre disait : « Je suis de Christ » (1 Corinthiens 1:12).

Paul leur a répondu en leur expliquant qu'ils avaient tort. « Christ est-il divisé ? » demanda-t-il. Il ne peut y avoir de divisions dans le corps de Christ, et il ne devrait pas non plus devenir exclusif. Le Seigneur nous avertit que le fait de considérer une église (ou une cellule ou une église de maison) comme meilleure que les autres n'est pas sain. Les Ecritures nous disent dans 1 Corinthiens 12:5-6 : *Il y a diversité de services, mais le même Seigneur ; diversité d'opérations, mais le même Dieu qui opère tout en tous.*

Nous sommes appelés à aimer et à encourager des gens de bien des églises différentes. Cependant, nous avons aussi besoin d'être engagés envers notre famille d'église et dans l'unité avec ses membres, que ce soit notre petit groupe, notre congrégation locale ou notre église de maison.

Parfois, des croyants veulent passer d'une église locale à une autre. Si quelqu'un croit que le Seigneur lui demande de s'impliquer dans une autre église, il devrait d'abord en parler et se confier à ses responsables spirituels. S'il y a une difficulté dans son ancienne église, il doit faire le « centième » mille pour s'assurer d'avoir une relation claire avec cette église et son leadership. Sinon, son problème risque de le suivre.

Lorsque notre église a démarré en 1980, nous avons été envoyés par notre ancienne église. Bien que notre nouvelle église ait une « personnalité » différente de notre église de départ, nous avons toujours une merveilleuse relation avec ces précieux frères et sœurs de notre ancienne église.

REFLEXION
Pourquoi la division est-elle si préjudiciable pour le corps de Christ ? Pourquoi l'exclusivité est-elle si préjudiciable ?

Jour 6
Une église unifiée va se multiplier

Un grain de maïs planté dans un champ va produire approximativement 1200 grains de maïs. Si ces 1200 nouveaux grains sont plantés l'année suivante, ils vont produire 1 440 000 grains de maïs. C'est ce qu'on appelle le principe de multiplication. Chaque église devrait se mutliplier. Une personne partage avec une autre personne la bonne nouvelle de Jésus-Christ. Cette personne reçoit Christ dans sa vie et le partage avec quelqu'un d'autre. Et l'église grandit. Des églises qui grandissent démarrent de nouvelles églises!

Le désir du Seigneur pour Son église est qu'elle grandisse en puissance et en autorité, alors que les chrétiens vont de maison en maison dans chaque communauté, quartier, ville et nation tout autour du monde. Dans une vision que le Seigneur m'a donnée il y a de nombreuses années, j'ai vu des missiles tirés de notre quartier en direction des nations du monde. Ces missiles représentaient des croyants envoyés vers d'autres nations pour partager l'Evangile de Jésus-Christ et implanter de nouvelles églises. Dieu veut vous utiliser dans votre église locale pour toucher le monde.

Chaque église a besoin d'une vision locale, nationale et internationale. Des églises sans vision missionnaire finissent toujours par stagner. Jésus nous a demandé dans Matthieu 28:19-20 d'aller et de faire de toutes les nations des disciples. C'est pour cela qu'Il nous a laissés sur cette planète. Il y a bien des années, notre église locale a eu le privilège d'encourager une nouvelle église à démarrer à Nairobi, au Kenya. Aujourd'hui, ils ont démarré plus de cinquante églises au Kenya et en Ouganda qui ont toutes une vision pour atteindre les nations d'Afrique.

Dieu désire que les chrétiens travaillent ensemble, fassent front ensemble et prient ensemble alors qu'Il bâtit Son église par des petits groupes de croyants. Dans ces petits groupes, les chrétiens peuvent être formés, puis envoyés comme une armée spirituelle pour reprendre des localités et des nations du monde des mains de l'ennemi. Jésus-Christ va continuer à ajouter à Son église ceux qui sont sauvés. La Bible dit que l'église primitive *louait Dieu et obtenait la faveur de tout le peuple. Et le Seigneur ajoutait chaque jour à l'Église ceux qui étaient sauvés* (Actes 2:47).

Bien que le dessein de Dieu pour nous dans nos églises, cellules ou églises de maison soit d'atteindre des gens pour Christ, nous allons en même temps vivre une communion fraternelle les uns avec les autres. La communion fraternelle est une bénédiction supplémentaire pour ceux qui servent le Seigneur. Cependant, nous ne devrions jamais oublier la raison pour laquelle Il nous a placés sur cette terre – Le connaître et Le faire connaître.

REFLEXION

D'après Matthieu 28:19-20, quel est notre but et notre responsabilité sur cette planète ? Que va-t-il se passer si nous acceptons cette responsabilité (Actes 2:47) ?

Jour 7
Prendre la Cène

Tout au long la Bible, nous voyons des exemples où le Seigneur demande à Son peuple d'ériger des monuments et des autels en souvenir des choses qu'Il a accomplies. Dans 1 Samuel 7, le prophète érige une pierre pour rappeler au peuple de Dieu que le Seigneur les a aidés. La Bible nous dit dans Deutéronome 4:9 : *Seulement, prends garde à toi et veille attentivement sur ton âme, tous les jours de ta vie, de peur que tu n'oublies les événements que tes yeux ont vus, et qu'ils ne s'éloignent de ton cœur ; fais-les connaître à tes fils et aux fils de tes fils.*

Dieu avait le souci que les enfants d'Israël n'oublient pas les choses phénoménales qu'Il avait accomplies pour eux pendant leur histoire. Il leur a commandé de les enseigner à leurs enfants et à leurs petits-enfants.

Dans le Nouveau Testament, nous sommes exhortés à prendre part à la communion, le repas de la Cène, en souvenir de ce que Jésus a fait pour nous par Sa vie, Sa mort et Sa résurrection. Lorsque nous prenons un morceau de pain et buvons de la coupe, nous recevons à nouveau par la foi la puissance de résurrection de Jésus-Christ. Il est notre Sauveur, notre Libérateur, notre Médecin et notre Roi qui revient.

Jésus a d'abord partagé la Cène avec ses disciples dans la chambre haute avant d'aller sur la croix, et il leur a dit : Pendant qu'ils mangeaient, Jésus prit du pain, et après avoir dit la bénédiction, il le rompit et le donna aux disciples en disant : « *Prenez, mangez, ceci est mon corps.* » Il prit ensuite une coupe ; et après avoir rendu grâces, il la leur donna en disant : « *Buvez-en tous, car ceci est mon sang, le sang de l'alliance, qui est répandu pour beaucoup, pour le pardon des péchés* » (Matthieu 26:26-28).

L'apôtre Paul l'a rappelé à l'église primitive : Après avoir rendu grâces, (il) le rompit et dit : « *Ceci est mon corps, qui est pour vous ; faites ceci en mémoire de moi.* » De même, après avoir soupé il prit la coupe et dit : « *Cette coupe est la nouvelle alliance en mon sang ; faites ceci en mémoire de moi, toutes les fois que vous en boirez. Car toutes les fois que vous mangez ce pain et que vous buvez cette coupe, vous annoncez la mort du Seigneur, jusqu'à ce qu'il vienne* » (1 Corinthiens 11:24-26).

La communion peut être prise dans une grande assemblée, dans un petit groupe ou chaque fois que deux ou trois sont rassemblés en Son nom. Lorsque nous prenons la communion ensemble, nous montrons notre participation au corps de Christ. Nous devons personnellement examiner notre marche avec Dieu afin de ne pas prendre le pain et le vin de manière indigne (1 Corinthiens 11:27-32).

Que Dieu vous bénisse alors que vous Le laissez vous placer dans Son corps d'une façon qui Lui fasse plaisir. Souvenez-vous, ce n'est pas l'église de votre choix, mais l'église de Son choix. Attendez-vous à ce que le Seigneur vous utilise alors qu'Il bâtit son église au travers de vous de maison en maison, de ville en ville et de nation en nation.

REFLEXION
Faites des recherches sur l'histoire de votre église et constatez combien Dieu a été fidèle.

Qu'est-ce que l'église ?
Canevas du chapitre 1
L'importance de l'église locale

1. **Nous avons besoin les uns des autres**
   a. Il est difficile de vivre la vie chrétienne tout seul. S'encourager les uns les autres chaque jour (Hébreux 3:13).
   b. Se rassembler régulièrement en « église » nous encourage et nous équipe pour grandir spirituellement (Hébreux 10:24-25).

2. **L'église – « appelés hors de »**
   a. L'*église*, c'est *les gens*.
   b. Les chrétiens font partie du corps de Christ universel (Matthieu 16:18 ; Apocalypse 5:9) ainsi que du corps de Christ local (l'église de leur communauté).

3. **Un bébé chrétien a besoin d'une famille**
   a. L'église locale est comme un système de soutien pour que les bébés chrétiens grandissent spirituellement (1 Pierre 2:2).
   b. Les bébés chrétiens ont non seulement besoin de prier, d'étudier la parole de Dieu et de partager leur foi avec d'autre, ils ont aussi besoin de communion régulière avec d'autres chrétiens.

4. **L'église locale est l'armée de Dieu**
   a. Les chrétiens sont des soldats spirituels dans l'armée de Dieu.
   2 Timothée 2:3
   b. L'église locale nous forme pour aller sur le « champ de bataille ».

5. **Bien s'assembler**
   a. Les chrétiens sont des pierres vivantes assemblées ensemble par des relations (1 Pierre 2:4-5 ; 1 Corinthiens 3:9).
   b. Chaque église locale constitue un « champ » distinct dans le corps de Christ.
   c. Au sein de chaque église locale, des petits groupes de croyants offrent un soutien mutuel, apprennent à grandir en Dieu et rejoignent les autres.

6. **L'église locale offre leadership et protection**
   a. L'église primitive a mis en place des anciens pour diriger (Tite 1:5).
   b. Ces leaders offrent protection et discipline.
   1 Thessaloniciens 5:14-15 ; Actes 20:28
   c. Les anciens de l'église locale aideront à discipliner et à restaurer un membre qui s'égare (Matthieu 18:15-17).

7. **Vulnérable sans église locale**
   a. Si des croyants ne sont plus impliqués dans une église locale, ils sont vulnérables.
   b. L'église locale nous encourage à affronter les difficultés de la vie afin que nous puissions les surmonter (1 Corinthiens 10:13).

Qu'est-ce que l'église ?
Canevas du chapitre 2
Les relations dans la famille spirituelle

1. **L'église est faite de relations familiales**
   a. Les chrétiens sont liés par des liens familiaux (Galates 3:26).
   b. Le Seigneur vous voit comme un individu racheté par le sang de Jésus. Il vous voit aussi comme faisant partie d'une famille spirituelle qui se réunit en petits groupes et en congrégations plus larges.
   c. Une sphère plus large de relations familiales dans l'église implique une dénomination ou un réseau d'églises qui travaillent ensemble.

2. **Les relations familiales apportent l'unité**
   a. Nous avons tous besoin les uns des autres dans le corps de Christ ; nous sommes un (Galates 3:28).
   b. Chaque famille d'église a certaines forces pour aider le corps de Christ plus large.
   Ex : Les églises méthodistes sont issues des efforts d'implantation de John Wesley. L'église morave tire ses origines d'un grand mouvement missionnaire dans les nations du monde. Le mouvement charismatique est issu d'un déversement du Saint-Esprit et de l'expérience des dons spirituels.

3. **De nouvelles outres pour une nouvelle vie**
   a. Il y a une grande moisson spirituelle de nouveaux croyants à récolter (Jean 4:35).
   b. Les efforts traditionnels auront besoin de l'aide de nouvelles outres (nouvelles églises) pour accueillir les nouveaux chrétiens.
   Matthieu 9:17
   c. Les nouvelles outres – petits groupes et églises de maison – sont souvent plus flexibles pour les nouveaux croyants.
   d. Les églises traditionnelles et non-traditionnelles vont travailler ensemble pour engranger la moisson dans nos villes, nos régions et nos nations (Actes 1:8).

4. **Se réunir dans les maisons comme une famille**
   a. L'église primitive se réunissait de maison en maison dans des petits groupes et dans des groupes plus larges (Actes 2:46-47).
   b. L'église, ce sont des gens bâtis ensemble en relation avec Dieu et les uns avec les autres et ayant une vision et un objectif commun.
   Les relations se construisent dans les petits groupes.

5. **Les familles sont connectées**
   a. Nous sommes des « pierres vivantes » érigées ensemble avec d'autres chrétiens (1 Pierre 2:5).
   b. Les croyants sont des « membres de la famille » connectés dans le corps de Christ (Ephésiens 4:16).

6. **Où Dieu vous a-t-il placé ?**
   a. Dieu nous place là où Il veut que nous soyons
   1 Corinthiens 12:18
   b. Vous trouverez peut-être votre place dans un réseau d'églises de maison, une église communautaire ou une méga-église. Trouvez votre place dans le corps de Christ !

7. **Les familles se multiplient**
   a. Si nous « allons et faisons de toutes les nations des disciples » (Matthieu 28:19), l'église va grandir et se multiplier (Actes 6:1, 7).
   b. Les croyants dans les petits groupes sont formés pour prier, évangéliser et faire des disciples. Cela va conduire à la multiplication ou à la « mitose spirituelle ».

Qu'est-ce que l'église ?

Qu'est-ce que l'église ?
Canevas du chapitre 3

Qui veille sur vous ?

1. **L'importance d'être engagé envers les autres croyants**
   a. L'église primitive pratiquait l'amour mutuel (1 Jean 4:7) dans des petits groupes se réunissant dans des maisons (Actes 20:20).
   b. Un christianisme pratique se produit lorsque des croyants s'engagent à se réunir pour s'aider mutuellement à grandir spirituellement et à toucher le monde pour Jésus.

2. **Les leaders nous offrent une protection spirituelle**
   a. Dieu place dans nos vies des leaders spirituels qui nous offrent une protection (Hébreux 13:7, 17) face aux attaques du diable qui cherche à nous dévorer (1 Pierre 5:8).
   b. Nous devrions reconnaître et honorer nos responsables (1 Thessaloniciens 5:12-13).

3. **Les leaders nous aident à rester sur le bon chemin**
   a. Les premiers chrétiens ont appris des enseignements des responsables de l'église (Actes 2:42).
   b. Les leaders aident à protéger l'église des hérésies (Actes 20:28-31).
   c. Nous pouvons faire confiance aux leaders qui ont un bon caractère et qui mènent une vie intègre (Matthieu 7:15-20).

4. **Les leaders équipent**
   a. Dieu libère des individus avec des dons de leadership spécifiques dans son église (Ephésiens 4:11-12).
   b. Les apôtres, les prophètes, les évangélistes, les pasteurs et les docteurs sont responsables d'équiper les autres croyants pour l'œuvre du service.

5. **Les leaders dirigent**
   a. Une équipe de responsables avec un leader qui prend la décision finale correspond au modèle de leadership du Nouveau Testament (Actes 21:18). Jacques dirigeait l'équipe comme un ancien.
   b. Les anciens supervisaient les églises locales ; les apôtres avaient une sphère d'influence plus large (2 Corinthiens 10:13).

6. **Des leaders choisis par Dieu et confirmés par Son peuple**
   a. Les leaders de l'église primitive jeûnaient, priaient et écoutaient le Saint-Esprit leur montrer qu'Il avait choisi Paul et Barnabas pour une nouvelle tâche d'implantation d'églises (Actes 13:1-4). Puis l'église les a envoyés.
   b. La théocratie implique que les responsables de l'église jeûnent et prient et que le Saint-Esprit leur parle et leur montre qui Il appelle au leadership. Le reste des croyants confirme ce choix.
   Ex : Le roi David a été oint comme roi, mais ce ne fut que bien des années plus tard qu'il fut confirmé par d'autres leaders et par le peuple et qu'il devint effectivement roi.

7. **Les leaders sont toujours des serviteurs**
   a. Jésus décrit un grand leader (Matthieu 20:26-28).
   b. Un bon leader va servir les autres.
   c. Les diacres ont été testés avant d'être mis à part pour servir (1 Timothée 3:10). Pourquoi les leaders doivent-ils être testés avant que des responsabilités leur soient confiées ?

Qu'est-ce que l'église ?
Canevas du chapitre 4
Notre engagement envers l'église locale

1. **Une vision commune dans l'église**
   a. Dans une église locale, tout le monde devrait avoir une vision commune et marcher dans l'unité (Psaume 133:1, 3b).
   b. Chaque église devrait encourager les croyants à soutenir les responsables et à s'y soumettre afin que chacun puisse être dans l'unité.
   c. Les familles d'églises devraient connaître leurs racines (Deutéronome 4:9) afin d'avoir une claire compréhension de ce qui met leur église en mouvement.
   d. Une église avec une vision claire peut avancer dans la grâce de Dieu et collaborer avec Lui dans l'obéissance, plantant des semences de foi et s'attendant à ce qu'elles poussent.

2. **Sachez où vous êtes appelé**
   a. Que « la paix de Dieu règne dans vos cœurs » en ce qui concerne la place que Dieu a pour vous dans l'église (Colossiens 3:15).
   b. Dieu va déverser son Esprit dans les derniers jours (Actes 2:17-18) et nous aurons besoin de nouvelles outres ou églises pour prendre soin des nouveaux croyants. Connectez-vous aujourd'hui-même à une église où vous pourrez être formé, protégé et disponible pour servir les autres.

3. **L'accord dans l'église locale**
   a. Une église devrait avoir une déclaration de foi (par exemple, la Déclaration de Lausanne).
   b. Une église devrait faire tout son possible pour maintenir l'unité (Ephésiens 4:3; 1 Corinthiens 1:10) afin qu'il n'y ait pas de divisions dans l'église.

4. **Soutenez la vision de votre église**
   a. Nous sommes tous nécessaires dans le corps de Christ (1 Corinthiens 12:14-18).
   b. Nous devrions savoir où et comment nous sommes connectés à notre corps d'église.
   c. Lorsque nous sommes connectés, en relation avec d'autres dans le corps, nous serons capables de soutenir la vision et le leadership de l'église de façon pratique.

5. **Unifiés, mais pas exclusifs**
   a. L'unité n'implique pas l'exclusivité.
   b. Paul avertit l'église contre les divisions (1 Corinthiens 1:12) mais nous encourage tous à travailler ensemble sans être exclusifs (1 Corinthiens 12:5-6).

6. **Une église unifiée va se multiplier**
   a. Chaque église devrait se multiplier (un grain de maïs planté se multiplie et produit une grande récolte!)
   b. Nous devrions aller et faire des disciples (Matthieu 28:19-20) et Jésus-Christ ajoutera à Son église ceux qui seront sauvés (Actes 2:47).

7. **Prendre la Cène**
   a. Tant dans l'Ancien que dans le Nouveau Testament, il nous est demandé de nous souvenir afin de ne pas oublier les choses phénoménales que Dieu a faites.
   b. Nous sommes exhortés à participer à la Cène pour prendre part aux souffrances de notre Seigneur et à la puissance de Sa résurrection.

Questions de méditation supplémentaires

Si vous utilisez ce livret comme guide de méditation quotidienne, vous aurez réalisé qu'il y a vingt-huit jours dans cette étude. Selon le mois, vous pourrez avoir besoin des trois études quotidiennes données ci-dessous.

Jour 29
Soyez un bon serviteur

Lisez 1 Timothée 4:6, 10. Supposez que vous êtes appelés à être responsable d'une cellule ou d'une église. Comment pouvez-vous savoir ce que Dieu veut que vous fassiez ? Que serait votre vision ou votre objectif ? Qui pourrait vous aider ?

Jour 30
Un ouvrier qui n'a pas à rougir

Lisez 2 Timothée 2:15. Quels sont les passages bibliques qui ressortent de votre étude sur l'église locale dans ce livre et qui vous ont touché personnellement ? Comment ?

Jour 31
Des clés pour le Royaume

Lisez Matthieu 16:16-18. Réfléchissez au « roc » sur lequel Christ bâtit Son église. Pouvez-vous confesser avec Pierre : « Jésus est le Christ – le Fils du Dieu vivant » ?
Que le Seigneur nous promet-Il dans ces versets ?

www.ingramcontent.com/pod-product-compliance
Lightning Source LLC
LaVergne TN
LVHW051549070426
835507LV00021B/2487